Trança de histórias

Trança de histórias

A criação literária de Ana Maria Machado

Organizadores
Maria Teresa Gonçalves Pereira
Benedito Antunes

Editora UNESP
Núcleo Editorial Proleitura

Direitos de publicação reservados à:
Fundação Editora da UNESP (FEU)
Praça da Sé, 108
01001-900 – São Paulo – SP
Tel.: (0xx11) 3242-7171
Fax: (0xx11) 3242-7172
www.editoraunesp.com.br
feu@editora.unesp.br

Associação Núcleo Editorial Proleitura (ANEP)
Av. Dom Antônio, 2.100 – Parque Universitário
Caixa Postal 65 – 19806-900 – Assis – SP
Tel.: (0xx18) 3302-5882
Fax: (0xx18) 3302-5883
proleitura@assis.unesp.br

CIP – Brasil. Catalogação na fonte
Sindicato Nacional dos Editores de Livros, RJ

T694

Trança de histórias: a criação literária de Ana Maria Machado / organizadores, Maria Teresa Gonçalves Pereira, Benedito Antunes. – São Paulo: Editora UNESP; Assis – SP: ANEP, 2004.

Inclui bibliografia
ISBN 85-7139-572-1

1. Machado, Ana Maria, 1941 – Crítica e interpretação. 2. Machado, Ana Maria, 1941 – Linguagem. 3. Literatura brasileira – História e crítica. 4. Literatura infanto-juvenil brasileira – História e crítica. I. Pereira, Maria Teresa Gonçalves. II. Antunes, Benedito. III. Associação Núcleo Editorial Pró-Leitura.

04-3072. CDD 869.909
CDU 821.134.3(81).09

Editora afiliada:

Asociación de Editoriales Universitarias de América Latina y el Caribe

Associação Brasileira de Editoras Universitárias

ABDR — Cópia não autorizada é crime — Respeite o direito autoral

Sumário

Apresentação

Nas letras brasileiras, o nome de Ana Maria Machado comporta uma aparente contradição. Ao folhear as histórias e os dicionários mais conhecidos de literatura brasileira, não encontramos facilmente referências à sua obra. Por outro lado, percorrendo os *sites* de busca da internet, verificamos que há disponível cerca de uma centena de livros seus nas livrarias. Pode-se sempre alegar que sua literatura não é erudita ou pertence a um gênero ou subgênero considerado menor, voltado para o mercado, mas não se pode ignorar o fenômeno. Afinal, trata-se de uma escritora muito lida por crianças, jovens e adultos e, ao mesmo tempo, reconhecida tanto pela crítica especializada quanto por entidades nacionais e internacionais do mundo das letras. Recordem-se, a propósito, o prêmio Hans Christian Andersen, que lhe foi concedido em 2000, e o recente ingresso na Academia Brasileira de Letras.

Por tudo isso, acreditamos que a escritora merece ser cada vez mais lida e discutida. É o que se propõe neste livro. Mais do que uma homenagem, trata-se de um conjunto de dez estudos que procura apresentar sua obra sob diferentes aspectos, contemplando tanto a produção voltada para o público adulto quanto a conhecida como infantil e juvenil. São artigos, elaborados não casualmente por nove mulheres e um homem, configurando o que Maria Teresa Gonçalves Pereira, uma das autoras e organizadora do volume, considerou "uma *trança de gente* que 'leu' Ana com outros olhos", servindo-se de uma expressão adaptada do livro *Bisa Bia, Bisa Bel*, que parece referir-se a um traço presente em toda a obra de Ana Maria Machado, tanto pela concepção de linguagem literária quanto pelo sentimento solidário de humanização do leitor.

A mesma expressão levou outra autora, Maria Zaira Turchi, a falar em "trança de histórias" para caracterizar um dos procedimentos narrativos da escritora. Esse nos parece um título adequado para os estudos aqui reunidos, que de diferentes mas complementares perspectivas procuram dialogar com Ana Maria, emprestando ao título um sentido amplo, de diálogos temporais, consciência histórica, intertextualidade, fazer literário. Quanto à predominância absoluta de mulheres, cabe retomar o que Marisa Lajolo observa em seu texto: Ana Maria Machado circula num universo em que "é elevado o número de mulheres". São escritoras de literatura infantil, professoras, bibliotecárias e, acrescentaríamos, estudiosas do assunto.

O leitor encontrará no livro desde uma abordagem ampla da obra da escritora, numa espécie de sobrevôo por seus diversos e variados títulos, até a análise detalhada de alguns dos mais conhecidos, como *Bisa Bia, Bisa Bel* e *Bem do seu tamanho*, passando pela sua produção não-literária, que estabelece uma relação iluminadora com a criação propriamente ficcional. Inicia-se com a reflexão teórica, encetada por Marisa Lajolo e Eliana Yunes, que lança luz sobre a possível contradição apontada no início deste texto. Marisa reflete sobre as relações entre o sistema literário brasileiro e a literatura infantil, chamando a atenção para o papel de Ana Maria como seguidora da melhor tradição literária brasileira para o público infantil, representada pela obra de Monteiro Lobato. Eliana, por sua vez, comenta os livros de ensaios da escritora para compreender seu amor pela literatura. Sugere, de forma instigante, uma aproximação entre seus textos de ensaio e a produção ficcional a partir do diálogo que a própria escritora estabelece com seus autores favoritos.

Considera-se a literatura de Ana Maria Machado testemunha de uma época, o que não quer dizer que seja neutra; ela toma partido pela igualdade, pela democratização, pela formação crítica do leitor. Aspectos dessas questões são abordados especialmente por Ilma Socorro Gonçalves Vieira e Maria Zaira Turchi. Ilma estabelece relações entre a literatura e a história, valorizando a discussão pós-moderna da "metaficção historiográfica" como recurso para a descentralização do sujeito narrativo. Zaira aborda a ficção histórica, entendendo, na perspectiva da escritora, a literatura como forma de conhecimento. Considera o diálogo entre a obra e o leitor, por meio da metalinguagem, como a ponte para a reflexão sobre a existência histórica do ser humano, levando o leitor a enxergar mais longe, sem didatismos, numa espécie de tomada de consciência pela modalidade estética.

Embora abordem aspectos presentes também em outras leituras, o trabalho de Neuza Ceciliato de Carvalho dedica-se a uma análise aprofundada do sentido de *Bisa Bia, Bisa Bel*. Além de fazer uma apresentação geral da escritora, discute a natureza emancipatória de sua obra ao configurar, no universo infantil, a consciência da historicidade. Da mesma forma, Ricardo Benevides aborda o "propósito de fazer da literatura uma maneira de brigar por uma sociedade mais democrática", analisando a questão da intertextualidade. Ao dialogar com os clássicos, Ana Maria leva seus leitores a diversos questionamentos.

Numa linha um pouco diferente, Alice Áurea Penteado Martha trata da representação do jovem. Destaca as narrativas de formação, nas quais analisa, pelo ângulo do narrador, das personagens e da própria construção lingüística, a questão da humanização do adolescente pelas soluções de linguagem. Vera Maria Tietzmann Silva, por sua vez, percorre várias obras da escritora, estabelecendo um sugestivo panorama de sua produção literária a partir de temas ligados ao vôo. Enfatiza seu valor e o merecido prêmio Hans Christian Andersen para uma obra que testemunha uma época por meio da imaginação e do jogo literário.

Por fim, o leitor encontrará os estudos dedicados mais diretamente a questões lingüísticas e de técnica literária. Maria Teresa Gonçalves Pereira explora os recursos lingüístico-expressivos na obra ficcional de Ana Maria Machado, enumerando e analisando diversas ocorrências, enfatizando o caráter emancipador da linguagem, no seu peculiar viés lúdico. Anete Mariza Torres Di Gregorio complementa essa abordagem ao realçar o processo de adjetivação no texto da escritora, observando a criação de inusitadas metáforas.

Pode-se dizer, em conclusão, que os estudos aqui entrançados correspondem perfeitamente ao objetivo de destacar a atualidade e a importância de Ana Maria Machado. Tanto pela qualidade literária, materializada no plano lingüístico e temático, quanto pela repercussão e destacado papel na formação de leitores críticos, atentos aos meandros da linguagem literária, é oportuna a publicação destes criteriosos e envolventes estudos. Uma justa leitura de uma escritora que, na esteira de Monteiro Lobato, revela profundo respeito pelo leitor de qualquer idade, ao mesmo tempo em que se sintoniza com as questões cruciais de seu tempo.

Maria Teresa Gonçalves Pereira
Universidade Estadual do Rio de Janeiro (UERJ)

Benedito Antunes
Universidade Estadual Paulista
Júlio de Mesquita Filho (UNESP)

Teoria literária, literatura infantil e Ana Maria Machado

Marisa Lajolo[1]

Ana Maria Machado ganhou em 2000 o mais prestigioso prêmio internacional para autores de livros para crianças e jovens: o Hans Christian Andersen, conferido pelo International Board on Books for Young People. E em 2001 ganhou mais um prêmio, o Prêmio Machado de Assis, o maior dos concedidos pela Academia Brasileira de Letras. Fato raro, essa dupla premiação tão próxima por si só faz jus àqueles *mafuás, novenas e cavalhadas* com que Manuel Bandeira saudava a estrela da manhã.

Cavalhadas, novenas e mafuás se multiplicam e coletivizam por ser a segunda vez que a sereiazinha de Andersen fica verde-amarela: em 1982 Lygia Bojunga Nunes a trouxe para a companhia de Angélicas, bolsas amarelas e casas da madrinha e agora Ana Maria Machado recebe o prêmio na galeria de bisabias e bisabéis.

---

1 Professora de Teoria Literária da Universidade Estadual de Campinas (SP) – UNICAMP.

Por ser o Hans Christian Andersen um prêmio respeitado e muito disputado, o fato de ele ter sido por duas vezes concedido a escritoras brasileiras merece reflexão.

Como pode o Brasil, país de tão sofridas carências no que respeita à cultura escrita, ser por duas vezes considerado número um do mundo? Número um de uma cartografia imensa e variada, de que fazem parte países com taxas de alfabetização altíssimas e com tiragens de livros que superam de muito as magras dezenas de milhares que, nos melhores casos, quantificam nosso movimento editorial?

A resposta começa por apontar que excelência em literatura não se improvisa, não se constrói da noite para o dia. Prossegue apontando que o ofício de escritor – mesmo o de quem escreve literatura – é muito menos individual e autocentrado do que faz supor a imagem romântica do escritor sujo, pobre desgrenhado, numa torre de marfim e de costas para a sociedade...

Bem ao contrário. Em vez desse *escritor-ilha*, o ofício do escriba só existe no interior de um sistema literário, e é radicalmente coletivo.

Como se explica, pois, que uma sociedade cujas estatísticas apontam para práticas muito rarefeitas de leitura tenha atingido um patamar de excelência tão indiscutível que por duas vezes sua literatura foi reconhecida pelos canais competentes como *melhor do mundo* em um gênero literário dos mais competitivos porque moderno e de grande importância econômica no mercado livreiro?

O paradoxo é instigante. É preciso aprofundá-lo para extrair dele aquilo que ele pode explicar, de um lado, do campo de estudo específico ao qual ele se circunscreve (a literatura brasileira contemporânea, particularmente sua modalidade infantil e juvenil); de outro, das relações da sociedade brasileira com a cultura letrada.

Compreender a aparente contradição começa por erodir e desmanchar a imagem do escritor como figura solitária, desatenta da história e alheia à vida cotidiana, que em surtos súbitos de inspiração produz obras-primas que lhe exprimem a alma e os sentimentos mais recônditos. Nada disso.

Embora falsa, essa imagem do escritor alienado está muito presente em nosso imaginário. Ela encontra expressão, por exemplo, nas vozes que chamam de *poeta* a pessoa que tempera a salada com açúcar ou é incapaz de operar um terminal de banco eletrônico. Tal imagem de escritor e de seu ofício acaba respingando em sua obra, omitindo – e no pior dos casos distorcendo – o que há de coletivo e de social no exercício da escrita literária.

A aceitação da hipótese acima levanta outra: sugere que a obra de Ana Maria Machado, na esteira do reconhecimento representado pelas suas recentes e significativas premiações, passa atestado de maturidade para a literatura infantil e juvenil brasileira contemporânea. Idéia que engendra outra hipótese: a de que a literatura infantil e juvenil brasileira é domínio de uma modernidade bem mais completa do que a que se manifesta em outros recantos das letras brasileiras. Atesta sua maturidade, por exemplo, a freqüente tradução de livros brasileiros. Também no capítulo *premiações*, não temos do que nos queixar: além dos prêmios maiores recebidos por Lygia e Ana, há sempre livros brasileiros incluídos entre os finalistas dos grandes prêmios internacionais, o que – salvo as meritórias exceções de Jorge Amado e Paulo Coelho – não parece ocorrer em outras áreas das letras nacionais.

O paralelo entre as letras infantis e as não-infantis torna-se possível quando concebemos a literatura como um sistema complexo, articulado em inúmeros subsistemas, que se expressam mediante um determinado conjunto de práticas sociais.

É com esse pressuposto que se chega a uma chave adequada para discussão de maior fôlego da obra de Ana Maria Machado, postulando (sem que com isso se diminuam seus méritos individuais de autora maior) que sua premiação traz à luz um traço fundamental da literatura infantil brasileira contemporânea: sua maturidade e completude como sistema.

Tais considerações são tributárias do que ensina Antonio Candido em *A formação da literatura brasileira*, sua hoje já clássica obra de 1959. Nela, o crítico discute a literatura como um sistema articulado de autores, de obras e de público(s), por sua vez integrados por algum tipo de tradição que, à semelhança da força que mantém em órbita os vários componentes de um sistema planetário, no caso da literatura, proporciona a cada um dos elementos constituintes de seu sistema a consciência dos outros dois e o trânsito entre todos.

Na introdução do livro de Antonio Candido desenvolve-se a tese que encontra formulação lapidar na discussão – do que parece óbvio, mas que não só é polêmico como foi inovador ao seu tempo – de que uma literatura só existe se existe um sistema literário que a constitua, viabilizando o encontro sistemático, voluntário, prolongado e reconhecido entre *autor-obra-público*.

A aparente obviedade da formulação ganha complexidade quando consideramos que, em diferentes momentos históricos e em diferentes gêneros literários, as formas de constituição desses três elementos e de interação entre eles são diferentes.

Se aceitamos que um sistema literário constitui-se de um conjunto de subsistemas, cada um dos quais podendo ser identificado por meio de gêneros específicos, de determinados veículos ou de certos públicos-alvo, a literatura infantil – como a policial, a história em quadrinhos e a literatura esotérica – configura-se como subsistema: ela desfruta de grande visibilidade (dispõe, por exemplo, de espaço específico em livrarias e bibliotecas), e nela adquirem configurações específicas os elementos *autor, obra* e *público*; este último, aliás, lhe confere sua especificidade, já que ela se define por dirigir-se a público especial, não adulto.

Retornando ao ponto que deu origem a este excurso teórico podemos, então, postular que é nas formas historicamente específicas de interação, entre esses três elementos, que o perfil de escritor pode reencontrar uma dimensão tão coletiva quanto a de que ele parece ter desfrutado nos primórdios da cultura ocidental. Pois, ainda que a profissionalização do escritor seja uma conquista moderna, ele, como voz plural, encontra sua genealogia antes da modernidade.

O *escritor-voz-coletiva* inscreve-se tanto nas situações de narrativas coletivamente compartilhadas em estalagens e festas do calendário agrícola medieval, quanto, no mundo antigo, nas assembléias populares em que poetas como Homero – ou os anônimos cantadores que hoje seu nome recobre – entretinham uma platéia comovida às lágrimas com episódios de guerras ou intrigas amorosas.

Com as transformações técnicas e sociais emblematizadas pela invenção de Gutenberg no século XV, e pela revolução burguesa que a partir do século XVIII sacode a Inglaterra, as relações *escritor-obra-público* vão sofrendo alterações consideráveis, começando a delinear-se o perfil que hoje as caracteriza. Ao longo da história alteram-se: o modo de produção literário (o mecenato, por exemplo, cede lugar ao mercado), o corpo de escritores (mulheres passam a assumir a autoria sem o recurso a pseudônimos masculinos); a aparência física dos livros (hoje os há dos mais diferentes tamanhos); o conteúdo das obras: alguns gêneros desaparecem, outros surgem, outros se afirmam (por exemplo, o sermão, enquanto gênero, perde prestígio e aparecem novos tipos de texto, os destinados a crianças). Altera-se a constituição do público com a difusão da alfabetização e diversificam-se os interesses dos leitores. Altera-se também, ao longo do tempo, a forma de interação do escritor com seu público: editores passam a distinguir-se de livreiros, multiplicando-se os intermediários e fazendo surgir, por exemplo, os agentes literários. Diversificam-se os espaços e rituais de reconhecimento e avaliação de escritores e obras, multiplicando-se as instituições voltadas para tal fim, das academias aos cursos de Letras, dos suplementos literários aos catálogos de editoras, de polpudos prêmios internacionais a concursos municipais e estaduais de poesia.

No caso brasileiro, a maturidade da literatura infantil como sistema começa a manifestar-se no princípio dos anos 70 do século passado, época em que o gênero re-elabora traços do melhor Monteiro Lobato, no que a obra desse incansável modernizador de nossa cultura tem de respeito pela criança e de militância sob medida para um Brasil que – ao seu tempo – se modernizava.

Podemos postular que a consciência da tradição representada pelas gerações que se reconhecem em diálogo – expressa ao mesmo tempo por permanências e por rupturas – constitui a marca mais essencial de um sistema literário maduro.

A maturidade do sistema da literatura infantil brasileira contemporânea se beneficia de uma primeira coincidência entre o Brasil de hoje e o de Lobato: o Brasil dos anos 70, em que a geração de Ana Maria Machado iniciou sua carreira nas Letras também se modernizava.

Nos anos 70 do século XX, o esforço pioneiro de Monteiro Lobato, que escreveu sua obra infantil entre 1920 e 1948, amadurece seus frutos: a irreverência da sua obra, a solidariedade que ela estabelece com o mundo infantil, a inteligência tantas vezes irônica de seu diálogo com os leitores (inclusive os do século XXI), o esforço empreendido para *desliterarizar* sua literatura, a irrestrita e corajosa luta por suas crenças, e seu engajamento na construção de um Brasil melhor encontram herdeiros nas novas vozes das quais a de Ana Maria Machado é emblema, com sua obra vasta e variada.

A bibliografia de Ana Maria Machado inclui desde livros para crianças muito pequenas até ficção para adultos e recentemente ela parece estar se experimentando no ensaio, com o que ela revisita sua formação em Letras e sua antiga tese sobre Guimarães Rosa, *O recado do nome*.

Talvez seja, então, essa sutil dialética entre o que fica e o que muda o que o prêmio Hans Christian Andersen concedido a Ana Maria Machado nos permite compreender, já que em sua obra se consolidam os mais importantes traços que a moderna literatura infantil e juvenil brasileira assume. A produção de Ana parece ter seu ponto zero no ponto de chegada da obra de seu mestre Lobato: ela traz para seus livros o perfil feminino, o respeito pela pluralidade cultural, a paisagem dos diferentes Brasis, os conflitos da sexualidade, o jogo em cena aberta com a musicalidade da língua portuguesa, temas e procedimentos pouco presentes na obra lobatiana.

Embora tanto Ana Maria Machado quanto Monteiro Lobato produzam sua obra num Brasil em transformação, o Brasil dos anos 70 *não* é o Brasil de Lobato, e o projeto de modernização, do qual um sítio que dá petróleo é um bom exemplo, transformou-se em outra paisagem – a de Ana Maria Machado – que vive e escreve em um país de antenas e de satélites. Daí provém o tempero especial e saboroso do diálogo entre a escritora e seu escritor preferido.

Em *Amigos secretos* (1997), o diálogo entre os dois desembocou em outro sítio, onde um videocassete quebrado, acionado por um livro, propicia o milagre da aventura literária. Infelizmente impedido de circular por lamentável desentendimento entre herdeiros dos direitos autorais lobatianos e editores, esse livro, hoje tristemente inacessível, dá fiança – pela intertextualidade inventiva que instaura – da maturidade de nossa literatura infantil.

Outra leitura do mesmo diálogo Ana/Lobato postula que o projeto de modernização social que Lobato viveu, tematizou, aplaudiu e ajudou a propagar deixou marcas que cruzam os anos 70: ainda hoje, o Brasil carrega cicatrizes de eventuais desajeitos e atropelos da sua primeira onda modernizadora, a que Lobato viveu.

De modernização em modernização, projetos sempre inconclusos e sempre parciais, um Brasil sempre *em obras* vai escrevendo sua história ou, melhor dizendo, *suas histórias*. A compreensão da identidade plural de um país de muitas cores, onde a cultura patriarcal sufocou por muito tempo a multifacetada identidade feminina, é exemplo de novos capítulos dessa história, capítulos que Lobato, mesmo não os tendo escrito por inteiro, deixou sinalizados em sua obra.

Nesse sentido, uma leitura contemporânea da obra de Lobato tem como tarefa atribuir novas dimensões à lonjura da cabana do Tio Barnabé, ou ao caturrismo do Coronel Teodorico, ou à esperteza do saci que Pedrinho apanha no rodamoinho. Nessas novas leituras ganham também novos significados tanto o fogão de Tia Nastácia quanto a cadeirinha de pernas serradas na qual dona Benta, na varanda ou na sala, cerzia meias. Pontos cegos da obra de Lobato, estes são exemplos de tópicos que emergem, re-escritos, ao longo da obra de Ana. A menina bonita do laço de fita e a Bisabel são exemplos bons dessa re-escritura, que se marca – entre outros traços – pela visão positiva do negro e pelo protagonismo da figura feminina.

É nesse destaque do papel da mulher – menina ou jovem – que a obra de Ana Maria Machado encontra sua dicção mais própria e leva a literatura para além de onde a levara Monteiro Lobato. Ao feminizar o universo de sua ficção, ela leva para o interior do texto a forte presença feminina no campo da leitura infantil. Desde a Mamãe Gansa de Perrault no século XVII (1697) até a Carochinha de Figueiredo Pimentel no fim do século XIX brasileiro (1894), é em torno da figura feminina que gravita a narração.

Hoje, é elevado o número de mulheres que, com muita competência, escrevem literatura infantil. São também majoritariamente femininas as profissões que dão ao gênero o indispensável apoio institucional de que ele carece para circular em escolas e bibliotecas onde são fundamentais professoras e bibliotecárias.

Mas a herança de Lobato na obra de Ana Maria Machado ultrapassa ainda o nível da *textualidade* e ganha a materialidade dos números e das instituições. Lobato foi um *best-seller* a seu tempo e soube aproveitar-se das parcerias então disponíveis para aumentar a circulação de seus livros. De lá para cá, aumentou muito o público virtual disponível para livros infantis e juvenis, e as parcerias continuam na ordem do dia.

No Brasil de hoje vivem 170 milhões de pessoas, das quais por volta de 30% têm menos de dezessete anos. Dessa multidão, 43 milhões de jovens estão matriculados no ensino fundamental e médio, sendo, portanto, leitores virtuais dos 34 milhões de exemplares de livros infantis e juvenis que, no ano 2000, foram produzidos no Brasil.

Esses livros constituem um dos segmentos mais viçosos da indústria editorial brasileira. Perdem apenas para os didáticos, cuja produção, no mesmo ano de 2000, foi de quase 192 milhões de exemplares. Tanto o infantil como o didático são gêneros que, no Brasil, cumprem uma trajetória sinuosa: quem os paga não é quem os lê. Financiados em grande parte por órgãos públicos, destinam-se a escolas que os *adotam*, sendo os infantis os grandes protagonistas das inúmeras campanhas de incentivo e aprimoramento da leitura.

Por tudo isso percebemos que, como já sucedera ao tempo de Lobato, o *público efetivamente disponível* para as letras infantis é muito menos rarefeito do que o *público virtual* dos livros *não* voltados para crianças e jovens. Diferentes instituições envolvem-se com garra e competência na promoção da literatura infantil; a Fundação Nacional do Livro Infantil e Juvenil, o Proler, a Associação de Leitura do Brasil são três das mais respeitáveis e ativas, que dinamizam a área por meio de congressos, publicações e, sobretudo, de ações em órgãos governamentais de educação e cultura. Vivemos hoje um cenário nervoso e inquieto, desdobramento do cenário mais antigo em que Lobato inovava pontos alternativos para a venda de livros, respondia escrupulosamente às cartas de seus jovens leitores e ficcionalizava conteúdos escolares.

Fecundando o imaginário de seus leitores com o que de melhor nossas tradições culturais têm para legar às novas gerações, a literatura infantil brasileira contemporânea – da qual Ana Maria Machado é emblema – cumpre uma das mais altas funções da arte de todos os tempos: recolocar a polaridade entre o *eu*, o *tu* ou o *você*, transformando-os, semântica e ideologicamente, em um *nós*.

Ao fornecer ao grande público dos brasileiros e brasileiras menores de idade, de muitas cores e de diversas origens, imagens nas quais eles podem reconhecer-se, a obra de Ana Maria Machado encontra a força com que se impõe, trazendo para um país a tantos respeitos atarantado e meio sem rumo um prêmio do quilate do Hans Christian Andersen! É a profunda sintonia de Ana com seu tempo, sua terra e seu povo que esse prêmio celebra, e, junto com ela, um gênero das letras tradicionalmente tido como menor mas que soube, na contracorrente a que foi sempre empurrado, construir sua voz, seu espaço, seus agentes, suas instituições, seu discurso crítico, sua história e sua teoria.

Referência bibliográfica

CANDIDO, A. *Formação da literatura brasileira*: momentos decisivos. São Paulo: Livraria Martins Editora, 1959. 2v.

Bibliografia consultada

CANDIDO, A. *Literatura e sociedade*. São Paulo: Cia. Editora Nacional, 1975.

______. *Vários escritos*. 3.ed. corr. e aum. São Paulo: Duas Cidades, 1995.

______. *Iniciação à literatura brasileira*. São Paulo: Humanitas, 1997.

LAJOLO, M. *Ana Maria Machado*: sel. de textos, estudos biográfico, histórico e crítico, exercícios, notas. São Paulo: Abril Educação, 1983. (Série Literatura Comentada).

______. *Do mundo da leitura para a leitura do mundo*. São Paulo: Ática, 1993.

______. *Monteiro Lobato*: um brasileiro sob medida. São Paulo: Moderna, 2000.

______. *La critica literária y las instituciones de literatura para niños y jóvenes*. Memórias. El nuevo mundo para um mundo nuevo. 27° Congreso IBBY. Cartagena de Índias. Colômbia. Fundalectura. Bogotá. Colômbia, 2001.

LAJOLO, M., ZILBERMAN, R. *Literatura infantil brasileira*: história e histórias. São Paulo: Ática, 1984.

______. *Um Brasil para crianças*: para conhecer a literatura infantil brasileira: história, autores e textos. São Paulo: Global, 1989.

______. *A formação da leitura no Brasil*. São Paulo: Ática, 1996.

______. *O preço da leitura*. São Paulo: Ática, 2001.

Escritura: as leituras de Ana e a minha

Eliana Yunes[1]

Haveria muitos modos de tratar a obra de Ana Maria Machado, construída passo a passo, com a perspicácia de um estrategista das letras, cuidadosamente urdida como o manto dos cisnes selvagens, de seu caro Andersen. Esse belo e longo tecido inclui tanto os textos infantis – traduções e adaptações incluídas – quanto os textos não-infantis (digamos deste jeito, em protesto, honrando a Ana Maria) – porque os contos que a consagraram não são menores que seus romances. Por que *Bisa Bia, Bisa Bel* seria menos lúcido que *Canteiros de Saturno*? Ou *De olho nas penas* menos literário que *Alice e Ulisses*? Aqui e ali, os textos têm enunciações decisivas, no dizer de Bakhtin, a argúcia das contextualizações, acompanhando a história do país e da literatura infantil nacional e internacional.

Ana Maria Machado foi professora de literatura infantil na PUC-RJ., tendo assumido a cadeira implantada pelo pesquisa-

---

1 Professora de Literatura Brasileira da Pontifícia Universidade Católica do Rio de Janeiro – PUC-RJ.

dor frankfurtiano, Richard Bamberger, na década de 1970. Era, na ocasião, crítica para o assunto, nas páginas do *Jornal do Brasil*. Muitos conhecem sua participação na história da Fundação do Livro Infantil e Juvenil, como representante do Brasil, por duas décadas, ora em postos políticos ora em comitês de crítica e premiação.

Com a habilidade de leitora sagaz, de mundo e de múltiplas linguagens – a das imagens, a da cultura, a das relações humanas e a dos livros –, realizou uma obra de vida e arte que culminou com prêmios inúmeros, dentro e fora do Brasil, coroados pelo Hans Christian Andersen, em 2000, e pela entrada solene na Academia Brasileira de Letras, recentemente.

Ana é também uma "trança de gente", ela própria um tecido de tramas sutis, rede de delicados fios como a que nasce de mãos ágeis em uma almofada de bilro. Sua obra transita entre os melhores ilustradores e editores do país; seus críticos, mesmo os mais agudos, reconhecem sua escrita como propulsora da relação amorosa de crianças com livros, indo até a experiência como livreira. E ela conta com admiradores pequenos e grandes, por toda esta América Latina e Europa. Tudo isso em pouco mais de trinta anos de carreira, iniciada inintencionalmente ao responder a um pedido de Ruth Rocha, para escrever um conto para a revista *Recreio*, no final dos anos 60. A paixão antiga por contar histórias se acendeu, atraindo em torno dessa fogueira a atenção de leitores em formação. Quem não conhece *Menina bonita do laço de fita*, com todos os seus recursos poéticos e sutilezas éticas, não conhece a literatura infantil brasileira. Apesar dos milhões de exemplares vendidos de seus mais de 150 títulos, Ana Maria sabe que este ainda é um país de poucos leitores, ao menos leitores sobre papel e tinta.

É, pois, natural que a preocupação dessa escritora se estendesse ao campo da leitura, barthesiana que é, com dissertação publicada sobre Guimarães Rosa. Ana Maria dá o recado reunindo artigos e palestras feitas em três títulos recentes com que oferece ao público, à sociedade e ao Estado, coordenadas para a formação de leitores. Sobre esses livros quero deter minha reflexão, como se por eles estivesse fazendo a apresentação da pesquisadora universitária e não da escritora laureada. Refiro-me a *Contracorrente: conversas sobre leitura e política* (1999); *Texturas: sobre leituras e escritos* (2001); e *Como e por que ler os clássicos universais desde cedo* (2002).

Uma viagem pelas narrativas

Principio pelo último livro citado, que bem pode ser o primeiro para os aprendizes de feiticeiro na seara da leitura, onde Ana, à moda lobatiana, vai trazendo informação pedagógica enquanto discorre sobre autores e livros, como que recontando suas próprias leituras, agora ordenadas pelo olhar da leitora experiente que as agrupa e enlaça num convite-jogo para ler mais ou de novo. Como sua leitura, corto e recorto, costuro uma escritura minha, *chez* Ana.

Ana Maria começa por onde começamos todos, pela experiência puxada da memória, embrulhada nos afetos da infância. Quando, em 1992, comecei a desenvolver um programa teórico-metodológico para a Biblioteca Nacional, ao incentivar as pessoas a resgatar essas lembranças, boas ou más, coletivas ou individuais, buscava com esse mote provocar um certo gosto perdido, mas resgatável. E reativamos a prática de contar histórias, as que antes ouvíamos no colo dos pais e avós, letrados ou não, e que nos deixavam com fome de livros. Ana retoma uma cena triangular com o pai e o Quixote de Cervantes. E, desde então, tece hoje a trama da intertextualidade com as cantigas de roda, em que a Espanha aparecia como cenário de um chapéu perdido. E não era mesmo esse, o processo? A teia do mundo, a linguagem onde a realidade é rebatida e fica pinçada, por associações da memória e de textos, alinhava uma história que começa antes da gente e segue por nossas mãos tricotada.

Imediatamente, a leitora adulta se vê em boa companhia, de Drummond a Borges, recuperando de diários, poemas, entrevistas e confissões, personagens e pessoas que testemunham o encantamento ativado por essas vozes de sereia, e reafirma o valor da oralidade e do narrador à moda de Dona Benta, seduzindo a todos que, ao lado de seus netos, ouvíamos suas histórias. Antes de adentrar o campo das considerações mais específicas, Ana Maria prefere "lembrar algumas coisinhas fundamentais talvez óbvias demais para alguns" (Machado, 2002) e que dizem respeito à própria noção de leitura e de obra clássica.

Talvez não seja novidade dizer que ler é um *direito* e não uma obrigação; mas é importante repetir, já que reclama estratégias como as que aplicamos durante cinco anos, por meio da Casa da Leitura, numa ação política, em um trabalho libertário com a leitura, bem à raiz do que assinala a experiente pesquisadora. Talvez alguém já tenha dito que um clássico é um *livro eterno*, "que não sai de moda", e que o primeiro encontro não precisa ser com o grosso volume de um original; mas a leitora experiente lembra que além de um *legado de direito*, a escrita tem sido fonte de resistência e de entretenimento, duas pontas de um fio que se ata à idéia da viagem, da busca e do lúdico encontro, em que a leitura se torna uma espécie de *erótica do texto*.

Nessa perspectiva da viagem pelo acervo da cultura universal, que, na contramão da pós-modernidade fragmentária e dispersa, persiste se oferecendo sem fronteiras e sem autoritarismos quer locais, quer globalizantes, Ana Maria desliza desde os gregos e troianos por obras que nem foram escritas para a infância, até os "clássicos infantis mesmo", aqueles que pelo mundo afora foram premiados pela justa inclusão do "infante" no seu horizonte de recepção.

Ana escreve agora para os mediadores, os que apresentam textos e histórias a crianças e jovens, conduzindo-os ao desejo de igualmente ler, sem fazer discriminação de origem, sem aceitar preconceitos de caráter ideológico ou religioso. Com os pensadores modernos, recorda o papel de fonte de histórias das sagradas escrituras, relatos fundamentais que impregnam a herança ocidental judaico-cristã e cuja ancestralidade povoa subliminarmente, até mesmo, antinarrativas da literatura pós-moderna. Bonito o passeio de Ana sobre expressões que assinalam as memórias guardadas desses arquétipos: delícia estudar a língua portuguesa, visitando histórias... e biografias, tão ficcionais quanto relatos literários, onde heróis de carne e osso ganham dimensões referenciais para os filmes de ficção científica, para périplos imaginários, para jogos (RPG), para inspirar uma humanidade mais próxima do projeto de um mundo novo, verdadeiramente admirável.

Seu primeiro livro a explodir entre leitores pequenos foi *Uma história meio ao contrário,* que brincava intertextualmente e no eixo da paródia com os contos de fada, em um caminho que Chico Buarque, Ruth Rocha, Pedro Bandeira, entre outros, valorizariam; por outro percurso, Marina Colasanti traria de volta príncipes e donzelas, sem a menor chance de patrulhamento pelos neo-iluministas. Desse preconceito e do politicamente correto, Ana Maria os defende com argumentos que colhe em psicanalistas como Bruno Bettelheim e estudiosos de literatura como Coleridge. Desse *mar de histórias* que resiste nas melhores literaturas, como a de Guimarães Rosa, por exemplo, às viagens por *mares nunca dantes navegados,* com procelas, *ilhas do tesouro* e marés, nos quais os mais crescidos ampliam o gosto pela experiência de saída de si para o mundo, a escritora recorda a inspiração para outras narrativas, que ensinam o homem a sonhar e a tornar esses sonhos realidade.

Sem medo das adaptações bem-feitas que iniciam no prazer de ler Cervantes e Shakespeare, recusa igualmente o purismo que excluiria obras tidas como menores, do terror frankensteiniano ao detetivesco de Conan Doyle, muitas vezes por não se saber tratar, na leitura, de manifestações culturais de outro tempo. Nessa linha de pensamento chega a afirmar que "não há uma ética da leitura", que "não é preciso transformar a leitura num projeto utilitário ou numa ferramenta de ativismo" (Machado, 2002); não seria também essa a postura do autor que se defronta com a literatura-ela-mesma? Os títulos comentados se enlaçam no repertório que a escritora monta em sua história de leituras, que é um modo de se ler este livro.

Enumera, em seguida, livros inesquecíveis que, depois de Lobato, marcaram a juventude de muitos e hoje aparecem em releituras de animação ou mesmo no cinema: Dickens, Victor Hugo, Jane Eyre, que ela mesma traduziu ao português brasileiro, além de Twain e Salinger, marcos para uma criticidade mais firme do leitor, que ao mergulhar em histórias do cotidiano se prepara para o "grande cardápio de narrativas ocidentais" (ibidem), que vão de Machado de Assis a Balzac, a Dostoievski, a Eça, entre tantos outros.

Vai esclarecendo de passagem que a maioria das histórias, até a Primeira Guerra, não tinha a criança como destinatário específico. Desde então, as coisas mudaram muito e Lewis Carroll com suas *Alices* inverte o jogo: adultos lerão com prazer e inteligência sensível obras para jovens e hoje lotam salas de exibição para ver *O Senhor dos Anéis* lado a lado com eles. Curiosamente, tipos adultos são referidos a personagens das leituras infantis: complexos de Cinderela, de Peter Pan, de Pinóquio em uma apreensão redutora dos dramas que simbolicamente tratam, como a professora de literatura argumenta com admirável brevidade e percuciência. Afinal, abraçando a causa literária como a de uma rede que recolhe diferentes experiências de vida e de história, na mente do leitor, discute uma questão que está na ordem do dia: a do cânone (sim ou não?), com as possibilidades de que o prescrito por Harold Bloom, masculino e eurocêntrico, possa se alterar com a chegada de autores (e autoras) periféricos às livrarias.

Sua grande expectativa, ao listar centenas de livros clássicos, não é a de mostrar erudição, mas a de confiar que os leitores em formação, podendo desfrutar dessas obras, acabarão por realizar um caminho próprio, livro adentro e vida afora.

Um bordado visto pelo avesso

Escrever é preciso; ler não é preciso. Entendamos: a escrita se quer exata, precisa; a leitura é inexata, imprecisa. Confuso? Apenas jogo com a leitura dos antiquíssimos versos latinos, atualizados por Pessoa e Caetano, conforme o fez Ana Maria, fechando o livro sobre os clássicos, o que uso para abrir minha aproximação ao seu *Texturas: sobre leituras e escritos* (2001).

Dividido em quatro capítulos, esse livro abre o primeiro – "Natureza e cultura" – com o mais belo dos ensaios da coletânea, em que Ana Maria exerce todo o seu gosto pela pesquisa, associada ao travo da escrita ficcional para inventar uma trama ardilosa de têxteis e textos pela história de mulheres tecelãs, ao mesmo tempo mulheres de resistência e obstinadamente coerentes com seu fiar e contar. A narrativa vivamente informa, com notas de rodapé e citações interdisciplinares, sobre uma história de beleza, política e trabalho, indo ao depoimento e confissão pessoal para cativar o leitor a caminhar com ela no exercício da escrita de um livro intensamente desejado e que transborda de *Ponto a Ponto* – ficcional, para este ensaio a que os adjetivos mal se aplicam, e contudo, inegavelmente referendado no risco com que a cultura borda a vida.

Pensar a natureza como cultura remete a uma curiosa percepção que tanto olhares estrangeiros quanto os domésticos sobre nós mesmos atribuem aos brasileiros um traço sêmico que os aproxima da natureza, das emoções, da intuição, quase "bons selvagens", na perspectiva de um Rousseau ou, antes, do próprio Caminha perante os índios e índias no Descobrimento. Começava a se delinear aí uma leitura cultural sobre a condição "selvagem", não por irracionalidade, mas por graça da celebração insistente da vida. Ela é assumida pela escritora, no viés de contraponto que a brasilidade pode representar em um mundo consumista e pragmático como o contemporâneo, e de forma apaixonada relata uma experiência de *recivilizar* a indiferença diante do outro, que toma por bárbara a emoção.

É pensando no outro e na regra de ouro da tolerância a todas as diferenças, aprendida na família desde a infância, que se desdobra o bloco "Democracia e leitura". A reflexão percorre contextos diversos, da ditadura à abertura, em que a censura escancarada ou escamoteada inibe pelo "patrulhamento" as vozes independentes, sejam elas quais forem: é pelo respeito à alteridade, é pela pujança das diferenças que a cultura de um país pode alcançar mais de uma vez o reconhecimento internacional, num gênero como o da literatura para crianças, que tradicionalmente se deixou contagiar pelo didatismo e pelo moralismo pedagogizante. A defesa da literatura é a defesa mesma da democracia, uma vez que o dialogismo, a polifonia, que de modo tão perspicaz foram apontados por Bakhtin, constituem o enfrentamento dos enunciados ordinariamente monológicos na sociedade de massas. Olhando a obra infantil, lá está bento-que-bento-é-o-frade como brincadeira, reflexão e ficção sobre o autoritarismo.

Esse jogo real/fantasia – que é antes questão de forma que de conteúdo para tratar das vivências do homem no mundo – Ana Maria vai usar com o crítico humor que empregou em *A jararaca, a perereca e a tiririca* para falar da leitura na escola, dizendo que a prática dos professores com os alunos se assemelha ao tratamento de gansos e vacas no campo: uns engordados à força, outros ordenhados automaticamente, sem que se estabeleça uma relação efetiva entre eles. Eu diria *afetiva*, pois me parece que, além da *exemplaridade* e da *curiosidade*, que a escritora reclama como pilares indispensáveis para o aprendizado de amor à literatura, o *afeto entre mediador e leitor potencial* é decisivo. Talvez porque tenha repisado muito a herança de uma família de leitores, que a iniciava com desvelo nas letras, não tivesse sentido necessidade de destacá-lo.

No bloco "Literatura e ensino", sem nenhuma intenção ordenadora, Ana vai dando indicações sobre o que conta para dar valor à literatura e o que valoriza o ensino. Inicia enfatizando a importância da biblioteca oral que atapeta o caminho das letras, uma vez que o mundo se apresentará daí em diante como um texto, uma narrativa quase sempre, uma quase-ficção cotidiana. Insiste na questão do exemplo da família e da escola: se os adultos não têm paixão, como seduzir os jovens para a leitura? E sugere que o professor leia em voz alta, com disposição amorosa, um trecho de *O apanhador no campo de centeio*, de Salinger, como a provocar a curiosidade no aluno. Eu diria que qualquer texto de eleição se torna um convite, lido ou contado. Esse tripé sustenta o encontro com a literatura, que passa longe do dever e, ao contrário, se configura como um direito à beleza, ao encantamento, ao "relâmpago iluminador" do pensamento e da sensibilidade: a literatura é um patrimônio de todo homem, bem de cidadania. Ana Maria faz a louvação dos contadores de histórias, por conta das vozes que nos habitam para sempre, carregando narrativas que fizeram o "salto fenomenal" da linguagem humana. E lembra que a paixão de ler não pode diluir o poder de ler. Por isso, há um subcapítulo embrionário do que seria o livro já comentado, tratando dos "Clássicos de todas as classes".

As texturas retornam no último bloco recolhendo personagens inesquecíveis, à luz de uma análise bem percuciente da professora convertida em escritora. Desenrola uma colcha de pequenos retalhos de memória que bem poderia ser goiano-mineiro-capixaba, em vez de norte-americana, e monta um painel de sua história de leitora que é uma homenagem aos que lhe ensinaram o gosto pelas palavras e pela escrita. Nesse conjunto, outra vez, um ensaio primoroso que associa o desenvolvimento às ciências, sim, à economia também e à cultura, com certeza. O pensamento vai na contracorrente das considerações bem soantes, sem dúvida, que propõem menos matemática e mais literatura, como alavanca do desenvolvimento abaixo do Equador. Sem cair na armadilha do ou isto ou aquilo, defende, no lugar das alternativas, a aditiva *e* para a conjunção entre rigor e invenção, *a emoção e a regra*, no dizer de Domenico De Masi. Sua habilidade conceitual, clara, de estilo quase jornalístico, torna-se belo solo de reflexão para os programadores de políticas de educação e cultura.

Leitura é ato político

O mais antigo dos três livros aqui considerados, de fato, se anuncia na contracorrente das práticas e políticas de leitura que Ana Maria não reconhece no país, apesar de mais de quinhentos projetos em cinco anos terem se candidatado ao prêmio de incentivo à leitura, da seção brasileira do International Board on Books for Young People (IBBY). Ela bem tem razão ao afirmar que a intermitência dos programas, os interesses de instituições e as vaidades acadêmicas esmagam qualquer semente de mostarda que possa brotar.

Entre 1992 e 1996 o país experimentou algo inédito no mundo, com um trabalho partilhado nos moldes que a citada análise do pesquisador italiano De Masi é resenhada brevemente pela escritora no livro anterior. Pesquisa, celebração, vivência, criação, memória, articulação, participação, antiburocratismo, antiacademicismo, iniciativa local, confiança recíproca, dedicação, entusiasmo e pausa, razão e sensibilidade, livros e oralidade... era a toalha de mesa do banquete do Proler que Ana gostaria de ter conhecido com as pontas de seus dedos de tecelã. Ela sonhou um bordado que já íamos, muitos, coz(s)endo, quando recolheram o tear e a refeição... As idéias e ideais de Ana Maria Machado para políticas, metodologias e teorias teriam encontrado seu leito justo. Mas prevaleceu o que ela brevemente indicia em seu discurso "contracorrente".

São onze artigos, como os anteriores, apresentados em congressos e seminários pelo Brasil e no estrangeiro. Estrangeiro? Ana Maria é cidadã do mundo, publicada em dezessete países, outras tantas línguas e convocada permanentemente para refletir sobre literatura, infantil ou não, leitura, leitores, livros e todo o sistema literário, novas tecnologias, censura, criação. Embora haja repetição de idéias, de referências e citações, dentro de um mesmo livro e de um para o outro, a intratextualidade que se observa explicita uma coerência de pensamento que não teme rever posições ou enfrentá-las.

Tendo começado a carreira de escritora em tempos de ditadura, Ana Maria Machado se ocupa com freqüência em pensar as relações entre literatura e democratização. Rastreia pelo trânsito da memória, o que seria uma história da literatura brasileira, do ponto de vista de uma leitora ávida que percorre livros e autores novos do mesmo jeito como costura suas interlocuções com velhos mestres e com o contexto. Sua análise coincide com a de críticos e analistas do período, embora ela o faça de um lugar privilegiado, que é o de escritora/jornalista enfrentando limitações e censura sem distanciamento. O artigo inicial é uma apresentação do acervo brasileiro dos anos 70 que resiste com galhardia ao cerco do silenciamento e traça um panorama da produção que aí despontou, apesar de tudo.

As relações entre a ideologia e o livro infantil, como corolário do tema inicial, dão a ela a oportunidade de elegantemente dialogar com críticos e teóricos que se debruçaram sobre sua obra para tratar do assunto. Fundamenta seu ponto de vista verificando que, já no dizer de Barthes, seu mestre, onde não há estereótipo, em boa parte se dissolve a ideologia. Diante da impossibilidade de recusar-se a tomar posições, o autor procura não dogmatizar, deixar portas abertas. E estende sua reflexão para o ato de leitura, onde coincide com Blanchot, que não cita, para dizer que muitas vezes o obstáculo à leitura é o leitor: aquele que já tem a leitura pronta ou se radicaliza em impressões pessoais. Pior ainda: capaz de tornar livros conformistas em exemplares, ou demonizar obras renovadoras.

O debate sobre as novas tecnologias e a cultura de massa atualiza pontos-chave do discurso que atribui sempre ao outro os males que lhe afligem: a quantidade de livros de baixa qualidade é maior empecilho para o leitor que a TV ou a rede informatizada. Por outro lado, a expansão da informação não corresponde a conhecimentos mais sólidos, sabedoria e experiência. Por isso ela contrapõe mais que jogo de palavras no paralelismo: acesso ao livro, excesso de livros. A descoberta do poder transformador da leitura por um pedreiro que se inicia na leitura e na escrita – *tulutatulê* – e por um garçon que lê Eco sem se machucar com o latim e a erudição do escritor italiano parece fábulas, ficção, mas desta guarda apenas a arte e o engenho da escrita de Ana Maria Machado, que conta histórias verdadeiras como se fossem imaginárias. Ou vice-versa?

O conjunto dessas suas detidas análises sem pretensões absolutistas contribui decisivamente para pensar a produção e a recepção do livro infantil e da literatura como um todo, em um país de muitas contradições como este, o único além dos EUA a receber dois prêmios Hans Christian Andersen em toda a história do IBBY, enquanto suas bibliotecas e escolas são mal equipadas, o preço dos livros e sua má distribuição afastam o leitor e o Estado se omite fragorosamente do tratamento responsável da questão. Esta leitura comentada das obras ensaísticas da escritora sobre o tema principal da leitura e da escrita poderia com certeza ser cruzada com sua prática ficcional e ganharia a mesma coloração que ela empresta a suas leituras, dialogando com seus escritores favoritos. A "deixa" fica para você, leitor, leitora...

Referências bibliográficas

MACHADO, A. M. *Contracorrente*: conversas sobre leitura e política. São Paulo: Ática, 1999.

______. *Texturas*: sobre leituras e escritos. Rio de Janeiro: Nova Fronteira, 2001.

______. *Como e por que ler os clássicos universais desde cedo*. Rio de Janeiro: Objetiva, 2002.

O diálogo entre literatura e história na obra de Ana Maria Machado

Ilma Socorro Gonçalves Vieira[1]

> Todas as histórias do mundo não ficam guardadas numa cabeça só, por maior que seja. Ficam é em todas as cabeças do mundo. E precisam trocar os fios pra lá e pra cá, trançar o que cada um vai tecendo. Se não, ninguém faz teia nenhuma. E num fio solto ninguém pode morar. Pra se ficar vivendo, precisa de uma teia.
> (Machado, 1985, p.51)

Com uma vasta obra publicada, Ana Maria Machado apresenta uma variedade de títulos que abrange do livro infantil e juvenil ao romance para adultos. Seu trabalho revela a consciência de que a criança e o jovem, da mesma forma que o adulto, estão aptos a refletir sobre a realidade e que, motivados por essa reflexão, tornam-se capazes de transformar o mundo ao redor. Um dos aspectos mais relevantes de sua literatura é o diálogo

---

1 Professora convidada de Língua Portuguesa na Universidade Católica de Goiás – UCG.

permanente entre realidade vivida e ficção, em que o leitor é convidado a (re)visitar o passado histórico em suas múltiplas faces, por meio da experiência estética oferecida pelo texto literário. As obras da premiada autora que entrelaçam ficção e história incluem-se no que Linda Hutcheon (1991) chama de "metaficção historiográfica" por expressarem um posicionamento crítico em relação ao passado histórico, recuperando pontos de vista antes ignorados.

As relações entre história e literatura constituem objeto de estudo para teóricos que, como Hayden White (1994), destacam pontos de aproximação entre ambos os tipos de narrativa. Analisando as questões formais e estruturais sob as quais a narrativa histórica e a narrativa literária se apresentam, White conclui que "a história não é menos uma forma de ficção do que o romance é uma forma de representação histórica" (p.138). De acordo com as observações desse estudioso, literatura e história se baseiam no discurso narrativo, aproximando-se no que diz respeito ao intuito de "oferecer uma imagem verbal da 'realidade'" (p.138). Ficcionista e historiador recorrem, de igual maneira, a elementos expressivos capazes de atribuir coerência à narrativa, deixando, inevitavelmente, marcas ideológicas na seleção desses elementos. Em ambos os casos, é acionada uma estrutura exclusiva pela qual o mundo é percebido, de modo que, no nível da tessitura do enredo, a neutralidade perseguida pelo historiador não se efetiva. Tampouco ela se efetiva no nível da linguagem que, de acordo com White, em todo caso "é contaminada politicamente" (p.145).

Rompendo com as barreiras conceituais estabelecidas, desde Aristóteles, entre a narrativa literária e a narrativa histórica, fatos históricos passam a permear, com maior freqüência, o texto literário produzido no século XX. Essa ruptura está relacionada à concepção de que se faz necessária uma poética que apresente "uma estrutura teórica aberta, em constante mutação, com a qual possamos organizar nosso conhecimento cultural e nossos procedimentos críticos" (Hutcheon, 1991, p.31-2). Tal poética pode permitir maior flexibilidade à arte literária que, em vez de se adequar à teoria clássica, passa a dinamizar os conceitos estéticos, de modo que cada obra possa adquirir características específicas, dada a autonomia que se estabelece na articulação dos elementos que a estruturam. Segundo Hutcheon, trata-se de uma poética do pós-modernismo, da qual fazem parte tanto a arte como a teoria a respeito da arte, e que se caracteriza por procedimentos que revelam postura reflexiva, por excelência, acerca do processo de criação artística.

É, assim, como arte representativa de uma poética da pós-modernidade que surge, sobretudo na década de 1960, a metaficção historiográfica, narrativa que se constitui da soma de ficção e história. Nesse tipo de narrativa, os elementos estruturais básicos, tais como tempo, espaço, narrador, personagens, recebem tratamento diferenciado do que recebem no romance tradicional, e expressam, na própria tessitura do enredo, a problematização autoconsciente que caracteriza a obra pós-moderna.

Em se tratando de personagens, os protagonistas da metaficção historiográfica não podem ser tipos propriamente ditos, mas "os ex-cêntricos, os marginalizados, as figuras periféricas da história ficcional" (Hutcheon, 1991, p.151). É nesse sentido que se ressaltam, na narrativa, variados discursos, independentemente do gênero, da classe, da raça, da etnia, da educação a que pertence o enunciador. Trata-se de um procedimento que visa à descentralização do sujeito, de modo a instaurar uma polifonia no discurso narrativo.

De acordo com o estudo de Linda Hutcheon, essa descentralização não corresponde a um processo em que o discurso do centro é substituído por um da margem. Isso corresponderia a uma simples troca de posições e não garantiria a relevância de perspectivas diferentes na narrativa, porque outro discurso se tornaria central, enquanto aquele que antes era do centro passaria a ser da periferia. Por isso, o que ocorre é que

> o pós-modernismo não leva o marginal para o centro. Menos do que inverter a valorização dos centros para a das periferias e das fronteiras, ele *utiliza* esse posicionamento duplo paradoxal para criticar o interior a partir do exterior e do próprio interior. (Hutcheon, 1991, p.98)

Assim, tornam-se importantes na narrativa diversos pontos de vista, de modo a compensar as limitações existentes em torno de uma única perspectiva central a propósito de um determinado fato ou acontecimento.

No que diz respeito às relações entre a narrativa histórica e a narrativa literária, nota-se, ainda, que a presença da realidade histórica, no texto literário pós-moderno, ocorre geralmente em conformidade com as novas perspectivas para a narrativa histórica, nas quais se considera, segundo Peter Burke (1992), a necessidade de ir além da simples narração dos fatos e dos acontecimentos do passado, e analisar as estruturas subjacentes a eles: o como e o porquê . De acordo com Hayden White, trata-se da forma de argumentação contextualista para a explicação histórica, "em que 'o que aconteceu' no campo pode ser explicado pela especificação das inter-relações funcionais existentes entre os agentes e agências que ocupavam o campo num dado momento" (1992, p.33). Nesse sentido, a Literatura consegue avançar em relação à História, em razão da descentralização do foco narrativo, recurso que permite a apresentação de vários pontos de vista, de modo que o fato ou acontecimento real, histórico, seja apresentado por ângulos diferentes, permitindo, assim, a aproximação de sua totalidade.

Como metaficção historiográfica, algumas obras de Ana Maria Machado criam a possibilidade da presença dessa nova perspectiva para a narrativa histórica no texto literário. Em livros como *De olho nas penas*, *Mistérios do mar oceano* e *O mar nunca transborda*, o contexto histórico da conquista da América pelos europeus é apresentado de forma crítica, de pontos de vista diferentes entre si e, sobretudo, do ponto de vista presente no discurso histórico oficial, em que predomina a ideologia do conquistador europeu. Em *De olho nas penas* e em *O mar nunca transborda*, é possível reconhecer o ponto de vista dos que sofreram a opressão dos europeus que exploravam novas terras e escravizavam pessoas em busca de riquezas. Em *Mistérios do mar oceano*, Cristiana narra a história de Cristóvão Colombo, tendo em vista a paixão que ele tinha por cruzar o oceano, bem como as dificuldades enfrentadas para atingir tal objetivo. É um ponto de vista que se aproxima da perspectiva do navegador, com quem a narradora se identifica, mas que se distancia pelo olhar crítico da narradora lançado à história do "descobrimento" da América.

Em *De olho nas penas*, Quivira, o "Amigo" que a personagem Miguel encontra na viagem que realiza em sonho, representa a parte oprimida desse processo de exploração e dominação exercidos pelos europeus sobre povos indígenas e negros. Contando sempre com a presença de Quivira, na viagem, Miguel passa por três regiões e, em cada região, depara-se com a história da conquista do continente americano. Na primeira, "terra das montanhas", Miguel tem encontro com a história que envolve o índio sul-americano: a chegada dos europeus em suas terras, a forma como foram recebidos pelos nativos:

> Primeiro viram umas naus e caravelas chegando a uma praia e os cavaleiros desembarcando com seus cavalos, suas armaduras, suas armas. Tinham uma roupa de guerra feita de ferro, e de ferro cobriam a cabeça, e também de ferro tinham espadas, escudos e lanças. Os homens cor de fogo os receberam com muitas festas, como se os cavaleiros fossem convidados de honra ou deuses. Deram-lhes presentes, comidas gostosas, aves bonitas. Puseram seus melhores enfeites. E os enfeites tinham ouro, tinham prata, tinham esmeraldas. (Machado, 1985, p.26-7)

E o modo como os viajantes se portaram diante da receptividade dos indígenas:

> Miguel via tudo como se fosse um filme passando na sua frente, ou um sonho dentro de sua cabeça. Viu uns cavaleiros fazerem sinal que queriam ouro e pediram mais ouro, ainda mais, sempre mais. Viu muitas e muitas vezes as matanças, os cavaleiros atropelando os homens cor de cobre, os cavaleiros massacrando, roubando tudo o que eles tinham, derramando muito sangue, acabando com cidades inteiras, mesmo com toda a luta ... Outras vezes, os donos da terra acreditavam que os guerreiros de penachos e bandeiras eram amigos, os recebiam com honras e mandavam seus chefes esperá-los. Mas esses príncipes e imperadores eram aprisionados, e seu povo tinha que entregar todo o tesouro para libertá-los. E depois ainda vinham a traição e a morte, porque os cavaleiros não cumpriam as promessas e não libertavam ninguém. Só queriam o tesouro. (p.27)

Diante daquela história que "Miguel nem agüentava mais ver"(p.29), Quivira expressa um ponto de vista crítico em relação à escola, que, geralmente, apresenta a perspectiva do homem branco, visão recorrente na narrativa histórica tradicional:

> – É tudo verdade. Coisa que aconteceu mesmo, com nossa gente, há muito tempo. Na certa você vai estudar na escola isso quando crescer, aprender que esses cavaleiros foram grandes heróis da conquista de uma terra e de um povo. Nossa terra e nosso povo. Mas não é verdade. Eles não foram heróis. Eles foram os ganhadores. E escreveram a história. Mas mesmo do jeito que eles escreveram, dá para a gente saber que as coisas aconteceram assim como você está vendo. (p.29)

Com a explicação do "Amigo", Miguel começa a questionar a idéia de "descobrimento" trazida pela narrativa histórica tradicional que, segundo Peter Burke (1992), tem apresentado os fatos e os acontecimentos do passado unilateralmente. Ressalta-se a perspectiva do ex-cêntrico, representada pelo discurso da margem dos relatos históricos oficiais:

> Com essa explicação, Miguel começa a entender um pouco mais, porque já tinha ouvido falar em alguns desses nomes. Deviam ser todos índios. Os cavaleiros deviam ser os descobridores. Descobridor de quê? Que descoberta era essa? Será que antes a terra estava coberta? De quê? De ouro? Será que descobrir era levar ouro embora? E deixar a terra coberta de sangue? (p.29)

Na segunda região da América, "terra dos rios", Miguel se depara com lendas da cultura indígena, o que lhe permite conhecer a forma de esse povo relacionar-se com o mundo, ficando sugerida, na obra, a idéia de que se trata de uma rica cultura que, com a chegada dos europeus em seus domínios, sofre interferências e ameaça de extinção. Com a apresentação dessas lendas, há uma valorização do ponto de vista do índio, que se relaciona de modo harmônico com a natureza:

> Miguel gostou de ter virado camaiurá para saber disso. E ficou querendo virar juruna e maué e caapor e beiço de pau e arara e cinta larga e carajá e canela e cadivéu e todo tipo de índio para saber na pele molhada como todos tinham começado e como tinham aparecido os bichos todos, e o sol e a lua, e a noite e o dia, e como os homens tinham conseguido o fogo em cada lugar e como tinham surgido o milho e a mandioca, e o guaraná e o urucu. (p.39)

Na viagem pela terceira região, a "terra das savanas", Miguel tem encontro com a parte dessa história de dominação européia referente ao povo africano. A variedade de discursos na construção da narrativa histórica é um meio de garantir a força histórica que sustenta a humanidade, como sugere a passagem seguinte, em que Miguel acredita ter conhecido alguém que traz, na cabeça, todas as histórias do mundo:

> Ananse corrigiu:
>
> – Não é bem assim, Miguel. Todas as histórias do mundo não ficam guardadas numa cabeça só, por maior que seja. Ficam é em todas as cabeças do mundo. E precisam trocar os fios pra lá e pra

> cá, trançar o que cada um vai tecendo. Se não, ninguém faz teia nenhuma. E num fio solto ninguém pode morar. Para se ficar vivendo, precisa de uma teia. (p.51)

Esse ponto de vista é apresentado por meio da personagem Ananse que, na obra, sugere o mito de Aracne, a tecedeira que é confinada a tecer eternamente. Ananse é uma aranha que Miguel encontra na "terra das savanas" e que pode simbolizar, na narrativa, os historiadores, os literatos, enfim, todos os que se encarregam de registrar e de propagar a história e a cultura de um povo, resgatando os eventos do passado na tessitura do enredo. Isso fica sugerido na explicação que Ananse dá a Miguel sobre sua função:

> quando eu conto, vou desenrolando o fio da história de dentro de mim, e por isso sai melhor do que quando os outros contam. Por isso, todo mundo pode contar, mas toda aldeia tem alguém como eu, algum Ananse que também conta melhor essas histórias. E quem ouve, também sai contando, e fazendo novas, e trazendo de volta um pouco diferente, sempre com fios novos, e eu vou ouvindo e tecendo, até ficar uma teia bem completa e forte. Só com uma teia assim, toda bonita e resistente, é que dá para agüentar todo o peso do povo de uma aldeia, de uma nação, de uma terra. (p.48)

Na "terra das savanas" está expressa, ainda, a perspectiva dos que, apesar de se encontrarem do outro lado do mar, sofreram a opressão trazida pelo processo de conquista instaurado na América, pelo europeu, e que resultou em escravidão:

> – Escravidão. O inimigo aqui não vinha de armadura, vestido de ferro, montado a cavalo, procurando Eldorado, mas tinha as mesmas armas de fogo e a mesma crueldade. Chegava de navio, com correntes e chicotes, carregando o povo todo para bem longe, para trabalhar a vida toda de graça construindo a riqueza dos homens que já tinham tomado as terras dos homens cor de fogo lá do outro lado do mar. Separavam famílias, maltratavam todo mundo,

> batiam, torturavam, matavam. E mesmo quando acabou a escravidão, o inimigo continuava por aqui, dominando, roubando e matando. (p.52)

Nessa pequena obra-prima, *De olho nas penas*, que merecidamente recebeu em Cuba, em 1981, o Prêmio Casa de las Américas, Ana Maria Machado reconstrói a identidade nacional pelo endosso de uma aceitação de nossa latino-americanidade; posição diferente daquela em que a narrativa literária brasileira tem se manifestado na construção de uma identidade nacional nunca integrada à América Latina. O protagonista Miguel, marcado pelas experiências de filho de pais separados e tendo vivido em vários países, na companhia da mãe e do "segundo pai", exilados do Brasil, guarda consigo um confuso sentimento a respeito de sua identidade. Afinal tem dois pais e vários países, e isso deixa bastante perturbada sua mente infantil. Até que, por meio da viagem imaginária com o Amigo, ele toma conhecimento de muitos detalhes relacionados às culturas indígenas, assim como à violência que os índios e os negros sofreram por parte do homem branco. Ao final da viagem, Miguel se reconhece como descendente desses povos que deram origem ao povo da América, e pode construir sua identidade.

Em *Mistérios do mar oceano*, o ponto de vista prevalecente é o da narradora-personagem da obra. É Cristiana que, na narrativa, além de narrar sua história de fascinação pelas coisas relacionadas à navegação, conta a história da vinda de Cristóvão Colombo à América. A natureza do ponto de vista apresentado pode ser considerada próxima da perspectiva do navegador, em função da simpatia que ela nutre por aquela história de fascínio e de determinação por descobrir os segredos que se encontram do outro lado do mar. Nesse sentido, em determinada passagem da narrativa, Cristiana apresenta a imagem mítica do "grande navegador", que desafia, com sucesso, as imensas águas do mar:

> Às vezes eu tenho vontade, quando o "Cristóvão Colombo" ficar pronto e puder sair do estaleiro, de sair com Jonas e o resto da turma, navegando nele por aí. ... Deslizar na água verde, com meus amigos, parando em praias diferentes, mostrando a todo mundo que barco lindo é esse, de nome tão importante.
>
> Deu para meu amigo ficar sabendo que o nome dele era uma homenagem a alguém muito importante, um grande marinheiro, um capitão que dominou todos os perigos do mar, que venceu as ondas e as tempestades, que mostrou à imensidão do oceano que quem mandava mesmo era ele. (Machado, 1992, p.16-7)

Sobre o olhar apresentado por Cristiana, a respeito da história de Cristóvão Colombo, cabe ainda notar que, embora a admiração pela determinação do navegador esteja sempre presente no discurso da narradora, está expresso também um certo posicionamento crítico em relação à postura de Colombo no processo de exploração da América, conforme demonstra a seguinte passagem:

> Bem que eu pensei em contar a eles como é que eu imaginava que o Colombo tinha feito, só que achei melhor não entrar em muitos detalhes. Mas tenho quase certeza de que ele deve ter feito um belo discurso. ... é que ele se achava o melhor. Achava que tinha sido escolhido por Deus para uma missão. E que a missão era levar Cristo ao mundo inteiro. ... Qualquer caminhoneiro desses que vem aqui buscar peixe pra levar para o frigorífico em Santana sabe que o padroeiro dos motoristas é São Cristóvão porque o santo foi um transportador – carregou o menino Jesus no ombro para atravessar um rio. Mas Colombo achava que isso era com ele, recado direto, e que ele ia espalhar a cristandade, converter os infiéis das Índias, esses papos. (p.54-5)

Uma visão crítica sobre o discurso do explorador europeu das terras americanas faz-se presente na narrativa ficcional, de modo explícito, na fala do pai de Cristiana, um professor de História que analisa a idéia de "descobrimento", numa perspectiva diferente da apresentada na narrativa histórica tradicional:

> – Hoje em dia tem um movimento muito forte para contar a História de outra maneira e não chamar mais a chegada de Colombo com o nome de Descoberta ou Descobrimento. E o pessoal não deixa de ter razão.
>
> Afinal de contas, não foi descoberta nenhuma. Havia uma cultura na América, que não estava coberta nem encoberta, existia plenamente. Só mesmo o outro lado do mundo é que não sabia. (p.65)

E, nessa análise, o professor de História considera também a necessidade de uma nova postura por parte dos historiadores, em se tratando da chegada dos europeus à América, uma postura na qual sejam consideradas as limitações que um único ponto de vista pode apresentar para a apreensão dos significados dos fatos do passado histórico:

> Todo mundo era muito isolado naquela época, isso é que era... Mas, a rigor, não se pode dizer que os espanhóis, ou Colombo, ou os portugueses descobriram estas terras ou estes povos. A não ser que se diga também que, nesse encontro, os habitantes do lado de cá do mar também descobriram que havia outros povos e outras culturas que eles ainda não conheciam. (p.68)

Outros pontos de vista, além dos já mencionados, estão presentes nessa obra de Ana Maria Machado, permitindo à narradora-personagem concluir sobre a presença da ideologia manifesta no discurso – histórico ou literário –, problema que faz que "toda interpretação", assim como "toda linguagem", seja "contaminada politicamente", como afirma o historiador Hayden White (1994, p.145), ou seja, ideologicamente:

> Eu ouvia meu avô falar e percebia uma coisa muito interessante. É que cada um descobre numa história as coisas que lhe importam mais, que interessam mais a si próprio. Até mesmo numa história de verdade, que aconteceu na realidade, num tempo antigo. Por exemplo, Colombo para mim era um exemplo de teimosia, de alguém que não desiste e sabe aonde está indo. Para o barquinho

> de pesca "Cristóvão Colombo", era um cara muito corajoso, um maluco que desafiava o mar sem nenhum medo das conseqüências. Para o carpinteiro Manuel, era um homem decidido e determinado. Para meu pai, era um europeu que veio conquistar os nativos da América, explorar as riquezas desta terra. Para meu avô, pelo jeito, era um pretexto para uma história sobre a inveja humana contra a capacidade de trabalhar e de criar, de fazer pela primeira vez. Onde estaria a verdade? Na certa, um pouquinho em cada opinião. (Machado, 1992, p.78)

Ao relativizar o conceito de verdade, o projeto ideológico do "autor implícito" (Booth, 1980), percebido nas marcas da narradora, vai ao encontro das conclusões de Peter Burke (1992) de que, para a análise dos fatos históricos, é fundamental a consideração de pontos de vista variados, de modo que os múltiplos aspectos sejam ressaltados, para uma melhor apreensão da totalidade. Em outras palavras, a literatura de Ana Maria Machado procura derrubar e denunciar a ideologia oficial dominante, destacando a necessidade de ouvir as várias vozes, muitas vezes silenciadas, que em conjunto formam a cultura e a história de um povo.

De modo semelhante ao que ocorre em *De olho nas penas*, há, em *Mistérios do mar oceano*, uma crítica sobre o sistema educacional, principalmente no que diz respeito aos livros didáticos, quando apresentam, exclusivamente, o ponto de vista do europeu:

> Eu estava louca para ouvir falar nisso, que era uma coisa que eu não sabia muito bem e nunca ia conseguir explicar direito para o barco, porque a gente não tinha estudado direito na escola e era muito difícil de encontrar nos livros, que só falam do que os descobridores encontraram, mas nunca contavam o que os descobertos acharam. (Machado, 1992, p.34)

Com essas observações, Cristiana sugere, ainda, a importância do discurso dos ex-cêntricos para a construção de uma metaficção historiográfica, que apresente os fatos pelos ângulos mais diversos possíveis, para que seja, assim, mais completa.

A importância da análise das estruturas subjacentes aos acontecimentos históricos, idéia que Burke defende em *A escrita da história* (1992), é lembrada em *Mistérios do mar oceano* por meio do professor de História, na passagem em que este considera fundamental a transformação dos fatos passados em acontecimentos que possam ser analisados, no presente, para que contribuam para a construção de uma consciência transformadora, capaz de influenciar, ativamente, no presente e no futuro da humanidade:

> – Minha filha, História não é filme de bandido e mocinho, com os bons de um lado e os maus do outro. As coisas são muito mais complexas e já ocorreram, já ficaram para trás. O que importa é entender o processo do que aconteceu, fazer de todos esses fatos uma coisa viva que possa ensinar algo a todos os homens, hoje em dia. Por isso é que a gente sempre tem que ter uma visão crítica, pensar, tentar descobrir o que estava por trás, o que tudo aquilo significou. (Machado, 1992, p.85-6)

Em *O mar nunca transborda*, o contexto histórico da conquista da América pelos europeus compõe, mais uma vez, o enredo ficcional que apresenta pontos de vista variados acerca da chegada desses estrangeiros ao litoral brasileiro. A diversidade de visões aparece nas vozes das personagens criadas por Liana, na reconstituição da história de sua terra natal, que acrescenta elementos da imaginação, mas mantém fatos acontecidos na realidade histórica como referências fundamentais.

Narrativa composta por dois núcleos básicos – um em que se dá a narração, em terceira pessoa, da história de Liana, outro em que se desenvolve a reconstituição que ela faz da história de Manguezal dos Reis Magos –, *O mar nunca transborda* apresenta, nesse primeiro núcleo, discursos diferentes entre si, confirmando, assim, a possibilidade da polifonia no discurso narrativo, como meio de ressaltar perspectivas múltiplas sobre a realidade. Vivendo em Londres, longe de qualquer familiar, a principal personagem dessa obra, Liana, se sente ainda bastante ligada às propriedades herdadas em Manguezal dos Reis Magos, por ela e por seus dois irmãos residentes no Brasil, Daniel e Sílvia. Em razão desse seu apego à região onde seus antepassados viveram, dando origem às suas raízes familiares e históricas, Liana discorda da decisão de seus irmãos de transformar num condomínio a área herdada, em Manguezal, decisão que tomam levando em consideração que não "há sentido em deixar uma terra daquelas parada, sem produzir" (Machado, 1995, p.41). Isso passa a ser um problema que ela enfrenta, por ser minoria na defesa da idéia de manterem da mesma forma a casa e tudo o que o pai deixou. Surgem, então, a esse respeito, pontos de vista divergentes do que apresenta a principal personagem da obra:

> Os argumentos de Daniel eram lógicos e racionais. Faziam um condomínio e contratavam um administrador profissional. Era a saída. Pelo menos por enquanto. Uma tentativa. Embora o irmão, pessoalmente, achasse que deviam logo admitir que podia não dar muito certo e se preparar para outras possibilidades. Eles não tinham dinheiro para aplicar em Manguezal de modo a transformar aquelas terras num empreendimento lucrativo. (p.41)

Enquanto, para Liana, as terras de Manguezal possuem um valor simbólico, correspondente às suas raízes familiares e históricas, para Daniel o valor dessas terras consiste na possibilidade de produzir algo lucrativo. Nesse aspecto, manifesta-se, na obra, o tema da terra e das raízes, em que se contrapõem o mito e o logos, ou seja, o pensamento simbólico e o racional. Por sua vez, a irmã mais nova, Sílvia, compartilha com Liana da saudade dos tempos passados com a família, em Manguezal, mas acaba por concordar com o irmão Daniel que a venda daquela herança é a melhor atitude a tomar, confirmando, assim, possuir uma forma de pensamento que se aproxima mais do pragmatismo de

Daniel do que do modo de pensar de Liana, que valoriza a emoção e a afetividade:

> – Desculpe, querida, eu sei como você está se sentindo... Eu também estou triste, não queria estar te trazendo este problema. Eu sei que dói, meu coração também fica apertado... Mas tem coisas na vida que a gente tem que decidir com a cabeça, não pode ficar só indo atrás do sentimento... (p.180)

O mar nunca transborda reflete a natureza crítica da metaficção historiográfica, em que a realidade histórica é posta em questão, de modo reflexivo. Nessa obra, o processo de colonização brasileira, bem como suas implicações posteriores, é trazido à discussão, no decorrer da narrativa, de modo que variadas perspectivas são apresentadas a esse respeito. Por meio de Tito, por exemplo, namorado de Liana, residente em Londres – personagem de origem negra e que possui um passado marcado pela discriminação racial e social, quando ainda vivia no Brasil – são apresentados os pontos de vista do africano, que sofreu com a exploração e com a escravidão heranças da colonização européia, e do menor de idade que conhece a violência das ruas:

> – ... Eu não tenho nada com essa história do Brasil em que vocês falam de boca tão cheia, cheia de bons selvagens e de navegadores, mercadores e imperadores... Disso tudo, só tenho mesmo as dores, com perdão da lembrança. Eu não colonizei e nem fui colonizado. Minha família foi para lá de escrava, acorrentada, ninguém escolheu ir. (p.173)
>
> – Agora me responda uma coisa. Quando você acha que alguém no Brasil vai tomar uma providência eficiente para nunca mais acontecer outra chacina dessas? Hein, quando?
>
> Ela não disse nada. Sabia que ele estava lembrando de quando também dormia pelas ruas, debaixo de marquises das butiques, enrodilhado junto aos amigos. Melhor do que voltar para casa, mais livre, mas sempre sabendo que podia ser acordado por um

> chute de um policial, uma surra de uma galera rival, um corretivo a mando do dono da loja. (p.102)

Diferentemente do modo como a histórica "chacina da Candelária" foi abordada pela maioria dos jornais, revistas e outros documentos que registraram o ocorrido, *O mar nunca transborda*, por meio do discurso de Tito, apresenta uma análise das estruturas subjacentes a esse fato revelador de parte dos problemas sociais vividos pelo Brasil, em fins do século XX:

> – O que é isso? Você ainda tem coragem de perguntar? Agora são cadáveres de crianças mortas a tiros na frente de uma igreja. Antes de morrerem de fome. Para os bacanas poderem passear por ali sem um bando de pivetes enchendo o saco e pentelhando...
>
> ...
>
> – Mas está muito surpresa, queridinha. Nunca pensou que isso podia acontecer. Acha que é uma exceção, um surto bárbaro de crueldade. Eu não, eu sei o que é. De dentro. Sabia que, mais dia menos dia, vinha alguma coisa assim por aí. Mais que isso, eu sei que essas "coisas assim" estão acontecendo toda hora. Mas quando a desova do corpo é no matagal lá na baixada, não atrapalha o trânsito nem agride a visão dos executivos a caminho de mais um dia de ganhar dinheiro. Quer dizer, não dá primeira página nem fotos com a igreja no fundo, essa imagem de impacto. (p.97)

Ao apresentar análise de parte das estruturas subjacentes à "chacina da Candelária", isto é, de implicações relacionadas a esse fato, essa obra de Ana Maria Machado confirma a possibilidade da construção de uma narrativa "densa", que Peter Burke (1992) aponta como busca necessária para a nova narrativa histórica, a fim de que seus reais objetivos sejam atingidos.

Em *O mar nunca transborda*, o olhar feminino sobre a invasão dos europeus ao litoral brasileiro faz-se presente nas personagens femininas criadas por Liana, na reconstituição da história de Manguezal dos Reis Magos, em que os habitantes da região enfrentam os forasteiros que atravessam o mar à procura de riquezas. A personagem Marianita, por exemplo, representa a mulher forte e corajosa que luta para garantir a segurança da família, assim como de toda a comunidade da qual faz parte:

> Por duas vezes, Marianita abraçara-se ao cadáver ensangüentado do homem com quem se deitava e cujo filho trazia no ventre. Por duas vezes, tivera que improvisar armas e lutar contra os agressores com o que lhe caía às mãos. Antes mesmo dos vinte e cinco anos. Quantas vezes ainda lhe estaria reservada a mesma maldição? Que gente era essa, em quem só a cobiça tinha mando e para quem a vida nenhum valor oferecia? Que terra paradisíaca era esta, que se cobria do nome de Santa Cruz, mas que desprezava o que podia ter de santa e só era fiel à sua fome de cruz, ao sacrifício sangrento que exigia de seus filhos em troca do paraíso? (p.95)

Os exemplos extraídos da obra de Ana Maria Machado ilustram a possibilidade de a realidade histórica ser abordada por ângulos diversos, de modo que seus múltiplos aspectos sejam apresentados na narrativa ficcional. Trata-se de um procedimento da pós-modernidade que, como já foi dito, consiste na descentralização do sujeito na narrativa, ou seja, na apresentação de vozes variadas, que representam os "ex-cêntricos", cujos discursos sempre se conservaram à margem nas narrativas tradicionais, e que são fundamentais para a apreensão das questões concernentes aos fatos e aos acontecimentos do passado. Por meio desse procedimento estético, a literatura de Ana Maria Machado oferece um conjunto de possibilidades interpretativas que leva o leitor à reflexão e à formação de seu próprio ponto de vista sobre o passado histórico. Em outras palavras, a obra da autora abre ao leitor a participação no universo discursivo que se instaura na metaficção historiográfica, promovendo o diálogo entre literatura e história que permite extrapolar os limites entre o real e o ficcional, entre o acontecido e o possível de acontecer, na busca de uma consciência crítica do mundo.

Referências bibliográficas

BOOTH, W. *A retórica da ficção*. Lisboa: Arcádia, 1980.

BURKE, P. (Org.) *A escrita da história*: novas perspectivas. São Paulo: Editora UNESP, 1992.

HUTCHEON, L. *Poéticas do pós-modernismo*: história, teoria, ficção. Trad. Ricardo Cruz. Rio de Janeiro: Imago, 1991.

MACHADO, A. M. *De olho nas penas*. Rio de Janeiro: Salamandra, 1985.

______. *Mistérios do mar oceano*. Rio de Janeiro: Nova Fronteira, 1992.

______. *O mar nunca transborda*. Rio de Janeiro: Nova Fronteira, 1995.

WHITE, H. *Meta-história*. Trad. José Laurênio de Melo. São Paulo: Edusp, 1992.

______. *Trópicos do discurso*: ensaios sobre a crítica da cultura. Trad. Alípio Correia de Franca Neto. São Paulo: Edusp, 1994.

Bibliografia consultada

VIEIRA, I. S. G. *O tema da viagem na obra de Ana Maria Machado*. Goiânia, 2001. Dissertação (Mestrado) – Universidade Federal de Goiás.

As pontes do *outro mundo*

Maria Zaira Turchi[1]

"As palavras podem tudo. Estas, por exemplo, são um espelho onde se olha o livro por dentro, a história da história", assim começa *O canto da praça* (Machado, 1986), oferecendo ao leitor a chave para compreender a criação literária de Ana Maria Machado. Esse poder original da palavra remete à frase bíblica que a escritora intertextualiza na conferência proferida no congresso do International Board on Books for Young People (IBBY), na Suíça – "No princípio era a palavra. Não uma simples palavra, mas uma palavra poética" (Machado, 2002ab). No embalo aconchegante das cantigas de ninar e das rimas, constrói-se a primeira ponte entre a criança e o adulto; pela repetição e pela musicalidade, no contato íntimo e afetivo, a palavra poética é capaz de unir gerações. Após essas primeiras manifestações de poesia, outra ponte entre o mundo infantil e o adulto é construída pelas histórias cheias de conflitos e aventuras, provenientes da tradição oral, que ajudam a criança a enfrentar desafios e si-

1 Professora de Teoria Literária da Universidade Federal de Goiás – UFG.

tuações novas. Essas pontes, porém, não são vias de mão única, alimentam as duas margens e os escritores são enfáticos em confirmar sua dívida com a oralidade.

O debate sobre o que é escrever para crianças e jovens torna-se necessário e polêmico quando interesses de mercado entram em jogo, interferindo na concepção do livro literário. Para Ana Maria Machado, há uma distância entre aqueles que pensam que escrever para crianças é preencher uma indicação de faixa etária, obedecendo a fórmulas preestabelecidas, e aqueles escritores que escrevem por um impulso criativo, por uma necessidade de expressar o que está pedindo para nascer e alcançar outros espíritos em outros lugares, não importa a idade dos leitores. Essa é uma diferença fundamental: as obras de arte literária conseguem conjugar talento literário e capacidade artística com o desejo de construir pontes entre pessoas de diferentes gerações. A escritora argumenta que uma ponte fraca – que permite apenas uma travessia ideal apoiada na faixa etária, mas que não pode sustentar um adulto – não deveria ser colocada à disposição de uma criança.

Como em outras conferências, muitas já publicadas em livro, Ana Maria Machado instiga seus ouvintes/leitores à reflexão sobre o ofício pleno, comprometido e responsável, do fazer literário e da leitura. Na conferência proferida no congresso do IBBY, da qual venho destacando pontos significativos, a escritora aponta uma forte semelhança entre os processos de traduzir uma obra literária e de escrever para crianças e jovens, no que diz respeito à reciprocidade, apoiando-se nas idéias de George Steiner sobre tradução. Como ressalta o crítico,

> As setas do significado devem apontar nos dois sentidos e reciprocamente, como também a da doação cultural e psicológica. Em termos ideais, dá-se uma troca de energias sem perda. ... O processo de reciprocidade vai mais fundo. Uma grande tradução confere ao original o que já estava lá. (2001, p.209)

Nesse sentido, não se trata, apenas, de um procedimento técnico, mas essencialmente de uma questão de ética.

Com lucidez teórica, Ana Maria Machado percebe que o escritor, como o tradutor, almeja alcançar um intercâmbio significativo que permita a construção de uma ponte entre leitor e obra, capaz de restaurar a força da presença integral. Para que a criança possa atribuir presença ao presente, preencher o que já está completo, como se refere Steiner a propósito da tradução suprema, um texto literário deve ser capaz de armazenar elementos de conotação, de tonalidades e vozes variadas, significados latentes, afinidades ou contrastes com outros textos culturais. Assim, escrever para crianças e jovens não é dominar artifícios que venham a preencher um rótulo, mas é ser capaz de expressar-se de modo a criar um espaço aberto e livre no qual a criança possa se movimentar, observando uma ética de uma troca significativa. A elaboração artística e a questão ética encontram-se indissociáveis para Ana Maria Machado, constituindo a substância de sua matéria literária.

Ao teorizar sobre o estatuto do gênero, tenho insistido na questão do estético e do ético como categorias fundamentais da literatura infantil e juvenil (Turchi, 2002a, b). Tal discussão que envolve interpretação e juízo de valor poderia parecer excessiva ou lugar-comum em se tratando de literatura; entretanto, em relação à literatura infantil e juvenil, torna-se essencial e deve ser enfatizada. Com a expansão do mercado editorial, que coloca uma avalanche de títulos novos à disposição do leitor, e a demanda escolar, é preciso distinguir a criação literária artística inovadora de obras que atendem apenas a finalidades comerciais ou pedagógicas. O que determina a especificidade estética da literatura para crianças é a possibilidade de movimentar o imaginário na sua maior potência e, ao mesmo tempo, lidar com o limite do discurso. Por meio da memória e da imaginação, o escritor pode conciliar a contradição de ser ele mesmo e de ser outro, reimaginar o imaginado, aproximando sua vivência de adulto do universo de expectativas da criança. Associar o estético e o ético significa um árduo trabalho com a linguagem, não como um procedimento técnico, mas na busca de uma troca significativa em que o jovem leitor se sinta tomando parte no mundo da literatura, um legado cultural.

No ensaio "O ético no estético", Karl Bohrer (2001) mostra como as anotações e os excertos do escritor alemão Robert Musil em seus diários dão um novo impulso à fundamentação teórica de um nexo entre estética e ética. Da comparação de seus Cadernos, fica claro que Musil "não entende como ética da arte o moralismo de conteúdo da lei ou da filosofia, e sim um estado mental ou intelectual imaginativo" (p.12). Em outras palavras, não significa que na arte estejam proclamados conteúdos morais, mas que a emoção que a arte provoca nasce de um impulso contemplativo, em que o estado estético traduz-se numa reflexão existencial, como paradigma para a vivência ética. É interessante observar que Musil reconhece no afeto colocado sob o objeto estético um estímulo imaginativo que liga a ética e a estética (p.12). O afeto estético ou a afetividade do modo de percepção estética está ligado a uma atitude de expectativa, a um regulativo utópico, que se constitui na ética. Acredito ser esse o caminho que um autor verdadeiramente comprometido com a literatura deve percorrer quando escreve para crianças e jovens.

Volto ao início de *O canto da praça* – o poder das palavras e a necessidade de olhar para dentro, dobrar-se em reflexão sobre a existência histórica do ser humano, a história dentro da história. Esses são os pilares da poética de Ana Maria Machado por meio dos quais se relacionam a estética e a ética na sua obra. O que me proponho a abordar a seguir são as pontes que a autora constrói em *Do outro mundo* para uma troca significativa com o leitor.

Como esclarece a autora, a idéia do livro nasceu de uma encomenda de um editor holandês para escrever um conto de terror que deveria fazer parte de uma antologia com autores de várias partes do mundo. Não sendo o terror um gênero de sua predileção, ocorreu-lhe que a coisa mais aterrorizante que ela podia imaginar era a escravidão, a ausência da liberdade. A idéia criou corpo com a lembrança de um relato de um caso acontecido que envolveu um incêndio criminoso numa senzala e foi-se desenvolvendo numa narrativa mais longa, já não mais presa ao projeto holandês que não foi adiante. Essa obra juvenil, *Do outro mundo*, só foi publicada em 2002, embora tenha sido escrita após o romance para adultos *O mar nunca transborda*, publicado em 1995. De qualquer forma, a pesquisa histórica sobre o século XIX e o conhecimento da região, o Vale do Paraíba, serviram à construção das duas obras.

A observação e a pergunta, na página introdutória – "Ruídos muito estranhos arrepiam os cabelos de Mariano e sua turma. Será que a antiga fazenda de café onde os quatro jovens foram passar uns dias está mal-assombrada?" –, antecipam um clima de suspense. No entanto, o sobrenatural que se manifesta na narrativa não causa terror; até mesmo o medo inicial das personagens logo se desvanece nos encontros com o fantasma de Rosário. Não é o suspense nem o terror que conduzem a narrativa, mas a reconstituição da história, a irrupção do ontem no hoje. A narrativa não se mantém, tampouco, dentro do gênero fantástico, como o define Todorov (1975, p.48), em que o aparecimento do sobrenatural na realidade cotidiana produz hesitação na personagem e no leitor, deixando uma dúvida se os fatos estão ocorrendo ou não. Essa hesitação dura pouco tempo e logo o fantástico se desvanece na narrativa, quando as personagens, jovens amigos reunidos num sítio, aceitam a presença do fantasma e o desafio do enigma que propõe um diálogo entre presente e passado. Assim, o leitor fica preso à trama narrativa, que constrói, como um quebra-cabeça, peça por peça, a história dentro da história.

A estrutura de encaixamento, metaforizada em *Bisa Bia, Bisa Bel*, "Aquela história que diz assim: dentro do mar tinha uma pedra, dentro da pedra tinha um ovo, dentro do ovo tinha uma vela e quem soprasse a vela matava o gigante" (Machado, 1984, p.7), ilustra bem a força, na obra da autora, desse artifício da narrativa em abismo, que Lucien Dällenbach define como "todo espelho interno que reflita o conjunto do relato por reduplicação simples, ao infinito ou paradoxal" (1977, p.209). Ana Maria Machado opta, freqüentemente, por uma narrativa em profundidade em que a história dentro da história, como num jogo de espelhos, reflete o passado e o presente, o individual e o coletivo, o possível e o imaginado, na busca de uma consciência histórica.

Um recurso próprio da construção em abismo é o personagem-escritor com a tarefa de escrever um livro que se faz presente em *Do outro mundo*: o jovem Mariano encara as dificuldades de escrever um livro para contar os fatos vividos por ele e sua turma de amigos. O mesmo artifício já havia sido utilizado em *Uma vontade louca* (Machado, 1990), em que Marcos se propõe a fazer um livro contando as aventuras que vive com uma turma de amigos. O recurso do personagem-escritor possibilita a construção de uma ponte entre obra e leitor, uma vez que aproxima visões de mundo: o jovem personagem que se dispõe a escrever um livro e um jovem leitor que vai poder encontrar, na narrativa, ecos de sua própria vivência. Mariano é um adolescente que se mostra inseguro diante da tarefa assumida, confessa mesmo que nem gosta muito de ler, mas que vai tentar cumprir a promessa de registrar os fatos acontecidos: "Você me desculpe. E, por favor, tenha um pouco de paciência. Eu não entendo nada disso. Só estou aqui escrevendo – ou tentando escrever – porque assumi um compromisso" (Machado, 2002a, p.11).

A atmosfera que vai sendo construída na obra recusa, de saída, o tom impositivo de um escritor adulto, seguro de sua arte e de seu talento literário, e prefere apontar as dificuldades de um iniciante no caminho da criação literária: "Para começar, não sei começar. ... Na certa o melhor jeito é assim. Como se estivesse conversando, e fosse contar alguma coisa para os meus amigos" (ibidem, p.11). O processo de criação literária revela-se como um ofício possível para quem se dispõe, diante de um estímulo imaginativo, a lutar com a linguagem:

> Por isso é que fiquei meses na frente do computador, lembrando disso tudo, e vendo como poderia ser a melhor maneira de contar. Todo dia escrevia um pouquinho. Primeiro estava tudo seguido, emendado, uma coisa só, feito uma redação comprida. Quando mostrei a meus amigos, eles acharam que devia ser mais como um livro, ter uns capítulos, uns títulos pelo meio, essas coisas. (p.115)

Como se pode perceber, Ana Maria Machado consegue atribuir verdade à narrativa, imprimindo ao texto um tom natural de conversa entre amigos, próximo da oralidade, bem como consegue atingir o universo do adolescente, abrindo espaços para que o leitor se movimente numa experiência de leitura plena de sentidos. Ao mesmo tempo em que a obra possibilita ao leitor reconhecer-se no texto, sentindo-se autorizado a cruzar a ponte que o faz partícipe do mundo da literatura, ela também o convoca a superar etapas e enxergar mais longe, sem didatismos. A imaginação criativa e a elaboração estética se mantêm até nos momentos em que a narrativa tem uma intenção explícita de ensinar algo:

> O barracão podia ser um lugar incrível para nossas brincadeiras, mas, na verdade, a gente não gostava de ir lá, era muito escuro e lúgubre (gostou? Essa palavra eu aprendi num livro que a Elisa me emprestou, e pensei que nunca ia usar. Se não gostar, pode escolher outras: soturno, ameaçador também servem). O vento entrava por uns buracos que havia na parede embaixo do telhado, e parecia um bando de lobos uivando em filme de terror. (p.23)

Aliada ao recurso do personagem-escritor, outra idéia que sustenta *Do outro mundo* é a do peso cultural de uma obra literária; narrar a história acontecida em livro possibilita um legado para as gerações futuras. O leitor só vai compreender as razões da "promessa solene, um juramento muito importante" (p.11), mencionada no primeiro capítulo, quando, no penúltimo, o fantasma de Rosário tiver concluído o seu relato do fato ocorrido naquele mesmo lugar, na época da escravidão, e encarregado Mariano de transformar a história em livro. A literatura constitui um espaço textual plurissignificativo do homem diante do mundo e a obra escrita é um legado que possibilita a reflexão histórica e existencial.

O diálogo está na base da existência humana; mesmo quando o homem deseja o recolhimento e a solidão, encontra o diálogo na sua própria reflexão. Por isso, a literatura, que é testemunha do ser em sua trajetória, sempre teve no diálogo um expressivo processo de construção. No conjunto de sua obra literária, Ana Maria Machado demonstra plena consciência de que o ser humano se aperfeiçoa em sua humanidade numa situação de diálogo – processo que a autora domina com competência.

No livro em análise, *Do outro mundo*, os diálogos possibilitam a eclosão do passado no presente, o confronto de gerações e de épocas, o encontro da literatura com a história. A construção dialógica se instala logo na frase de abertura – "Você me desculpe" –, em que Mariano, o narrador-personagem, dirige-se a um ouvinte/leitor para fazer sua apresentação, falar de sua família, de seus amigos Léo, Elisa e Terê, e narrar a transformação do sítio em pousada. O narrador, nesse aspecto, aproxima-se daquele das histórias da tradição oral que, como mostra Walter Benjamin, "retira da experiência o que ele conta: sua própria experiência ou a relatada pelos outros. E incorpora as coisas narradas à experiência de seus ouvintes" (1993, p.201). Para o filósofo, a relação entre o ouvinte e o narrador é dominada pelo interesse em conservar o que foi narrado, fundando a cadeia que transmite os acontecimentos de geração em geração. Essa teia de narrativas se arma na obra: Mariano narra ao leitor o que Rosário contou a ele e a seus amigos, que se completa na narrativa de D. Carlota.

A obra, composta de nove capítulos, fixa, nos quatro primeiros, as personagens, o espaço, o tempo e o enredo. A mãe de Mariano é amiga de Vera, mãe de seu melhor amigo, Léo, e de Elisa. Com a morte do pai, Vera, apoiada pela mãe, Dona Carlota, resolve transformar o sítio da família em uma pousada e, para isso, associa-se à mãe de Mariano. Antes da inauguração oficial, concluída a reforma do barracão (uma antiga senzala), agora transformado em quartos para hóspedes, os amigos puderam dormir a primeira noite na nova pousada. Com o escuro, decorrente da falta de eletricidade, o suspense se instala: "Muito nítido. Um ruído abafado, mas que não deixava a menor dúvida. Gemidos e soluços. Alguém estava chorando" (Machado, 2002a, p.28). Da primeira vez, só Mariano e Elisa ouviram os gemidos na madrugada, mas logo não se lembravam mais deles: "Até que eles voltaram, em outra madrugada. E não voltaram sozinhos" (p.33). Dessa vez, os amigos Mariano, Léo, Elisa e Terê distraem-se em armar um quebra-cabeça de quinhentas peças, noite adentro, quando ouvem barulhos esquisitos. A luz apaga de repente, mas, ao acender a vela de um antigo castiçal, todos podem ver: "Parada junto à porta, com uma roupa comprida branca e um lenço ou turbante na cabeça, pretinha e descalça ... estava uma menina mais ou menos da nossa idade", completa o narrador: "Bem nítida. Mas meio transparente" (p.42).

A trama, que até então poderia parecer uma história de assombrações em fazenda, toma rumos inesperados. Apesar do medo e do espanto, os meninos conversam com o fantasma, que tem nome, Rosário, e fatos para narrar. A decifração do mistério não envolve, apenas, a aparição fantástica de Rosário, mas, principalmente, do que ela tem a narrar. O sobrenatural perde importância em favor da história que a menina preta tem para contar sobre a escravidão e o episódio na senzala; trata-se de um quebra-cabeça a ser montado, cujas peças iniciais são: o castiçal de Iaiá, que é filha do sinhô que é mau. Nesse sentido, o quinto capítulo é fundamental, divisor de águas entre o desconhecido e o conhecido, entre o enigma e a resposta, por dois motivos: de um lado, a presença do dominó e do quebra-cabeça diz respeito ao universo infantil da brincadeira e do jogo, o que estabelece uma ponte para uma troca significativa com o leitor; de outro, a idéia de peças a serem juntadas, como pistas a serem seguidas, fixa o método da pesquisa histórica que vinha apenas se insinuando nos capítulos anteriores. Manifesta-se, claramente, o diálogo entre literatura e história, recorrente nas obras de Ana Maria Machado.

A modalidade da ficção histórica, sem dúvida, é um dos caminhos preferidos da escritora. A historiografia contemporânea tem reduzido a distância entre fato e ficção e reconhecido o papel ativo da linguagem, dos textos e das estruturas narrativas na criação e na descrição da realidade histórica. Por sua vez, a modalidade da ficção histórica, mesmo gozando de amplos limites de criação e fantasia, comporta o desejo de verossimilhança; a narrativa literária não se prende à comprovação de documentos e fontes, mas guarda uma preocupação de refiguração do passado, partilhada com a história. A matéria narrada possui elementos passíveis de registro documental, com satisfatório grau de familiaridade para o leitor informado sobre a história de uma determinada comunidade. Em *Do outro mundo*, aparecem várias dessas marcas como garantia da historicidade de certos elementos da representação ficcional: "Rosário tinha vivido lá no tempo da escravidão. Só que, a rigor, não tinha sido escrava, porque nasceu depois da Lei do Ventre Livre" (Machado, 2002a, p.70), "Essa época de que ela estava falando já era bem no final da escravidão ... o tráfico fora proibido e o contrabando estava sendo reprimido" (p.74), ou então, "O fim da escravidão tinha sido em 1888" (p.91), para mencionar alguns exemplos.

A matéria histórica narrada caracteriza-se pelo distanciamento temporal em relação à escritora, entidade civil, mas não em relação ao personagem-escritor, entidade ficcional. Não significa que a época de Mariano seja próxima daquela de Rosário, mas ambos participam da narrativa de um passado histórico que precisa ser construído culturalmente. Não há, em relação ao narrador, uma marcação ostensiva de seu tempo, distante dos elementos históricos narrados ficcionalmente, pois isso poderia resultar num congelamento do passado, visto como objeto sobre o qual tudo já é suficientemente conhecido. Certamente, não é essa a perspectiva de Ana Maria Machado na sua ficção histórica; ao contrário, é justamente trazer o passado para o presente, de modo a dinamizá-lo numa reflexão crítica. O personagem-escritor, com a ajuda dos amigos, escreve os fatos que eles vivenciaram, no presente da narrativa, para reconstituir as pistas, detonadoras de um processo de reconstituição do campo de referências – o histórico.

O quinto capítulo, "Peças pretas, pintas brancas", desencadeia esse processo de reconstituição do passado por meio de pistas que, como peças de dominó ou de quebra-cabeça, vão se encaixando até compor uma figura. Em conhecido ensaio, "Sinais: raízes de um paradigma indiciário", Carlo Ginsburg propõe um paradigma diferente para o estatuto do saber científico nas ciências humanas no qual as fontes, matéria-prima da história, são consideradas indiciárias daquilo que poderia ter sido e com as quais o historiador constrói sua versão: "se a realidade é opaca, existem zonas privilegiadas – sinais, indícios – que permitem decifrá-la" (1990, p.177). O caçador teria sido o primeiro a "narrar uma história" porque era capaz de ler nas pistas deixadas pela presa uma série coerente de eventos. Ana Maria Machado ficcionaliza, em *Do outro mundo*, o paradigma indiciário, a decifração de indícios, como forma de reescrever a história: as peças se encaixam para compor um enredo, desvendar uma intriga, recuperar significados, criando um episódio convincente do passado, relacionado ao período da escravidão:

> É que ontem, quando eu estava saindo da biblioteca, vi uns velhos jogando dominó na praça. Parei junto, fiquei olhando aquelas

> pecinhas pretas com pintinhas brancas e fiquei pensando que dominó é um tipo de quebra-cabeça, só que muito mais fácil. Em vez de encaixar as peças pelas formas, a gente emenda uma na outra de acordo com o número de pintinhas. Mas é o mesmo princípio. (Machado, 2002a, p.61)

As pistas se oferecem à decifração desde o início da obra, mas podem não ser notadas numa primeira leitura. Ao falar de Léo, o narrador diz que são amigos inseparáveis, mas diferentes na aparência: "Eu sou alto e magro, e bem mais claro. Léo é moreninho, mais escuro (menos que a mãe e muito menos que os avós, mas escuro) e mais baixo que eu, mas muito mais forte" (p.14). Ainda no primeiro capítulo, o narrador fala do barracão de taipa "que tinha agüentado um grande incêndio havia muito tempo" (p.22). Nesse barracão Elisa encontrou "um castiçal antigo, de louça azul e branca" (p.22), o castiçal era de Iaiá, "dona da casa. A dona boa. Filha do sinhô. Ele é que é mau" (p.49). E, assim, juntando-se as peças espalhadas pelos capítulos, a parte da história narrada por Rosário e aquela narrada por D. Carlota, o leitor vai poder decifrar o mistério: "A tal Iaiá era filha do dono da fazenda, um certo Sinhô Peçanha, e a Rosário tinha vivido lá no tempo da escravidão" (p.70).

O relato de Rosário atinge o ápice no momento do incêndio criminoso que matou os negros trancados na senzala, "Já que não podia ter mais escravos, Sinhô Peçanha preferia tocar fogo em tudo. Queimar todo mundo vivo. Para que a liberdade não fosse uma festa e ele não tivesse que encarar os olhares dos pretos livres" (p.88). Nessa parte, a escritora realiza um jogo narrativo muito interessante em que, no confronto entre história e literatura, memória e imaginação permitem imaginar o acontecido, aproximando, pela linguagem, fato e ficção na recriação do passado:

> Mas Rosário não explicava isso, não dizia nada que pudesse parecer discurso, artigo no jornal, aula de História. Com o olhar perdido no vazio, as lágrimas escorrendo pelo meio dos soluços, o

> espírito da menina só contava as sensações. O calorão, a correria, o atropelo, os gritos, a dor.
>
> De verdade, nem sei direito o que foi que ela contou mesmo, ou o que foi que eu imaginei. Principalmente, não sei o que foi que eu nem consegui imaginar, mesmo ela contando. Digamos que a cena tenha sido assim: primeiro foi a escuridão, com o cheiro de óleo, muito forte. Depois, quase ao mesmo tempo, um calor muito intenso chegando e os estalos do fogo pegando em tudo o que estivesse no caminho. Mas tem coisas que eu não sei, não me lembro, ou talvez nem mesmo a Rosário tenha contado. (p.89-90)

Dos negros na fazenda, só sobrara Amaro, o irmão caçula de Rosário, que tinha sumido na mata com os amigos, Joana e Bento, filhos do barqueiro Zé Caboclo, "que morava do outro lado do Rio Pardo e cuidava das travessias" (p.72). Os meninos, que vinham ajudando escravos a fugir da fazenda pelo rio, estavam combinando uma nova fuga, por isso Amaro escapara do incêndio. Mas, como uma trança de histórias, bem ao estilo de Ana Maria Machado, a avó de Elisa e Léo, D. Carlota, conta a parte que ela sabe da história de Iaiá, a filha do Sinhô Peçanha; surge, então, como uma caixa dentro da outra, a história de Amaro, "tataravô. Trisavô, como se diz corretamente" (p.114) dos meninos e da posse do sítio. Com as pistas decifradas e o quebra-cabeça montado, só restou a Mariano cumprir a tarefa de escrever o livro.

As pontes construídas pela escritora ligam o mundo do leitor a outros mundos, estabelecendo com a obra uma troca plena de significado. O homem inaugura o mundo por meio de sua experiência diária, e, em oposição a ela, expõe-se a outro mundo. Viajar na leitura de *Do outro mundo* é poder sair do mundo da experiência diária e entrar no da consciência, pela modalidade artística. No estético se oculta um impulso ético, as idéias organizadas em narrativa levam à percepção do outro, à compreensão da alteridade que amplia os horizontes do ser humano. Nesse sentido, como afirma Wittgenstein (2001), a ética não pode ser enunciada, ela é transcendental. Transcendendo fronteiras de tempo, passado e presente, de idade, criança e adulto, de campos, literatura e história, a obra de Ana Maria Machado se estabelece como arte verdadeira da palavra.

Referências bibliográficas

BENJAMIN, W. O narrador. Considerações sobre a obra de Nikolai Leskov. In: ______. *Magia e técnica, arte e política*: ensaios sobre literatura e história da cultura. 6.ed. São Paulo: Brasiliense, 1993.

BOHRER, K. H. O ético no estético. In: ROSENFIELD, D. (Org.) *Ética e estética*. Rio de Janeiro: Jorge Zahar, 2001.

DÄLLENBACH, L. *Le récit spéculaire*: essai sur la mise en abyme. Paris: Seuil, 1977.

GINSBURG, C. Sinais: raízes de um paradigma indiciário. In: ______. *Mitos, emblemas, sinais*: morfologia e história. São Paulo: Companhia das Letras, 1990.

MACHADO, A. M. *Bisa Bia, Bisa Bel*. Rio de Janeiro: Salamandra, 1984.

______. *O canto da praça*. Rio de Janeiro: Salamandra, 1986.

______. *Uma vontade louca*. Rio de Janeiro: Nova Fronteira, 1990.

______. *O mar nunca transborda*. Rio de Janeiro: Nova Fronteira, 1995.

______. *Do outro mundo*. São Paulo: Ática, 2002a.

______. Words to bridge gaps. Children's books as a bridge between adults and children. Conferência proferida no XXVIII Congresso do IBBY, Suíça, 2002b.

STEINER, G. *Nenhuma paixão desperdiçada*. Rio de Janeiro: Record, 2001.

TODOROV, T. *Introdução à literatura fantástica*. São Paulo: Perspectiva, 1975.

TURCHI, M. Z. Children's books as an aesthetic and ethical challenge. Trabalho apresentado no 28° Congresso do IBBY, Suíça, 2002a.

______. O estatuto da arte na literatura infantil e juvenil. In: TURCHI, M. Z., SILVA, V. (Org.) *Literatura infanto-juvenil*: leituras críticas. Goiânia: Ed. da UFG, 2002b.

WITTGEINSTEIN, L. *Tractotus logico-philosophicus*. 3.ed. São Paulo: Edusp, 2001.

A emancipação do sujeito infantil pela discursividade do delírio em *Bisa Bia, Bisa Bel*

Neuza Ceciliato de Carvalho[1]

O projeto estético-ideológico de Ana Maria Machado

Ana Maria Machado destaca-se entre os grandes nomes da literatura infanto-juvenil brasileira contemporânea como uma autora de histórias originais e inovadoras que mesclam realidade e fantasia, ao mesmo tempo que revelam uma grande crítica a tudo aquilo que represente desmando, opressão e desrespeito às liberdades individuais e coletivas.

De forma fantástica e lúdica ela trabalha com a realidade cotidiana das crianças e jovens de modo a revelar a complexidade da existência humana e da organização familiar e social, rompendo assim com um modelo de história para a infância que nega a dialética das relações humanas e enfatiza apenas o lado bom, belo e verdadeiro da vida, o que acaba por acobertar os

1 Professora de Teoria da Literatura da Universidade Estadual de Londrina (PR) – UEL.

problemas advindos da convivência entre adultos e crianças, pobres e ricos, homens e mulheres, pais e filhos. Em seus livros não há uma forma realista de mostrar a realidade, e sim a construção de narrativas com sentido figurado e simbólico, com alegorias e projeções fantásticas, o que faz que seus textos possam ser lidos em níveis variados de significação, agradando adultos e crianças. Com muita freqüência, a autora denuncia em seus livros a falta de democracia do sistema político brasileiro, a rigidez de valores herdados da sociedade patriarcal que nos formou, a imposição de poder da classe rica sobre as camadas menos favorecidas, a sobreposição da voz adulta à voz das crianças e a condição subalterna da mulher e da criança, sem que isso tudo se transforme em um discurso realista, objetivo, direto e impositivo para o leitor.

Seus textos são profundamente contra-ideológicos e, portanto, críticos, havendo sempre personagens fortes e astutas que marcam suas posições, situam-se ideologicamente e defendem seus pontos de vista. Com essas atitudes elas demarcam seus espaços e lutam pelos seus direitos e valores.

A vasta produção de Ana Maria Machado para crianças e jovens, iniciada no final da década de 1960, apresenta temas variados e dirige-se às diferentes fases de desenvolvimento da infância e da juventude, podendo ser lida com prazer também pelos adultos, pelo que oferece de crítica social. Mas, por mais diferentes que sejam suas histórias, elas apresentam sempre uma marca estilística inconfundível, que se resume no modo democrático e reflexivo como a autora se comunica com seus leitores, ao criar narrativas em que o discurso literário fica ao cargo de um narrador, muitas vezes onisciente, que se torna cúmplice do leitor, a exemplo do que fez Monteiro Lobato nos anos 20 e 30; ou quando a narração fica sob a responsabilidade de um narrador-personagem, quase sempre uma criança ou jovem, que conta a história do seu ponto de vista. Disso resulta um discurso literário pleno de oralidade, com a incorporação da linguagem coloquial, da gíria e do modo descontraído de falar da criança e do jovem, aproximando-se a literatura infantil contemporânea do modo de ser e pensar de seu público.

Outra característica comum em suas obras e também em grande parte das histórias infanto-juvenis contemporâneas é a presença da intertextualidade e da metalinguagem, o que dá ao texto infantil um tom de modernidade, rompendo com o dogmatismo da narrativa pedagógica de linha utilitária, tão comum nas décadas anteriores a 1970.

Em seu conjunto, essas inovações estéticas e temáticas permitiram que muitas histórias criadas a partir desse momento recuperassem obras do passado, em especial os contos de fadas, que receberam um novo tratamento ao serem parodiados por diferentes autores, com releituras variadas, com muito humor e ironia, ao inverterem as posições sociais das personagens e desmistificarem valores instituídos durante séculos.

Ana Maria Machado recria os contos de fadas com maestria, construindo obras críticas para a infância, com narrativas que exigem reflexão e tomada de posição da criança, perante ao que lhe é apresentado. Em *História meio ao contrário*, de 1979, talvez sua história mais conhecida, a autora mescla realidade e fantasia, reescrevendo os contos de fadas de um modo inovador para a época, ao inverter, relativizar e parodiar os valores defendidos nas histórias infantis dos momentos anteriores. Esse livro resultou em uma narrativa original e rica em níveis de significação ideológica, ao exigir um leitor crítico, em sintonia com os problemas de ordem social e política do Brasil daquele momento histórico. Com isso, ela, e muitos outros escritores da atualidade, inauguraram naquele período um momento muito importante para a literatura infanto-juvenil brasileira, ao renovarem o modo de se comunicar com o público infanto-juvenil, que se pautou pela oralização do discurso, mantendo o narrador distância da norma culta, e aproximando-se da linguagem coloquial das pessoas comuns, em especial da linguagem das crianças e jovens.

Em todas as suas obras a autora mantém a mesma posição crítica perante os fatos e a vida em sociedade, prevalecendo sempre um diálogo que aproxima narrador e leitor; o resultado é um pacto de cumplicidade e adesão do leitor com o modo de ver e pensar do narrador, visto que este fala, na maior parte das vezes, do ponto de vista da criança e do jovem. Em vista disso, suas histórias ganharam o gosto do público infantil e juvenil e também da crítica, o que faz que seus livros ultrapassem fronteiras e a escritora receba reconhecimento nacional e internacional.

Na década de 1980, um de seus livros mais valorizados pela crítica especializada foi *Bisa Bia, Bisa Bel*, de 1982, cujo original, antes de ser publicado, recebeu o Prêmio Maioridade Crefisul, em 1981. Recebeu, também, o prêmio da Associação Paulista de Críticos de Arte, como o Melhor Livro Juvenil, em 1982, e, ainda, o Prêmio O Melhor Livro para o Jovem pela Fundação Nacional do Livro Infantil e Juvenil (FNLIJ), em 1982. É preciso lembrar que Ana Maria Machado faz parte da lista de honra da International Board on Books for Young People (IBBY), e recebeu, no ano 2000, o Prêmio Hans Christian Andersen, uma das maiores homenagens que se tem hoje em literatura infanto-juvenil no mundo.

O valor da escritora Ana Maria Machado pode também ser medido pelos convites feitos a ela para proferir palestras no Brasil e no exterior, tendo, na última década, se notabilizado pela defesa da ecologia e da liberdade e direitos dos povos pobres de ler e de ter acesso ao livro. É isso o que se encontra em seu livro *Contracorrente: conversas sobre leitura e política* (1999), que reúne os textos das palestras proferidas em eventos científicos sobre literatura infantil e leitura.

Ana Maria Machado, cidadã e escritora, é sempre muito coerente e única em tudo o que faz, seja pronunciando-se criticamente sobre os acontecimentos históricos de sua época, seja criando narrativas ficcionais. Seus textos literários são o seu testemunho de uma época, onde a mulher, a mãe, a professora, a cidadã e a escritora se fundem para revelar os conflitos humanos do momento em que vivemos. No seu modo de compor está a sua ideologia, no seu estilo está o seu testemunho, na sua escolha técnica está a sua visão de mundo e a sua concepção de literatura e de leitor infantil e juvenil.

Em *Bisa Bia, Bisa Bel* podemos encontrar todos esses elementos estético-ideológicos, podendo esta obra representar a vertente da produção literária contemporânea para crianças e jovens que leva à emancipação do leitor.

Bisa Bia, Bisa Bel: as escolhas técnicas e a empatia do leitor juvenil

Ao construir a história de *Bisa Bia, Bisa Bel* do ponto de vista da personagem principal, Isabel, uma menina pré-adolescente, a autora permite que o leitor, no ato da leitura, crie uma relação de empatia com essa personagem e entre na história pela adesão ao seu modo mais íntimo de ser e pensar.

A trama gira em torno do encontro imaginário entre Isabel e sua bisavó Beatriz, que se inicia quando a menina vê uma fotografia da bisavó, ainda criança, passa a dar vida a ela e a incorporá-la à rotina de seu cotidiano familiar e escolar. Ao construir a história do ponto de vista de Isabel, a autora possibilita que a personagem infantil crie um diálogo interior imaginário com a bisavó, resultando a história em uma narrativa oralizada, em que os dois mundos se entrecruzam, como se Isabel tivesse que explicar sempre para o seu leitor virtual os valores da época em que viveu sua bisavó.

Na realidade, esse mundo só existe na mente da menina. Na fotografia, há muito tempo esquecida em uma caixa bonita de madeira com pintura na tampa, em uma gaveta de um armário no quarto de sua mãe, a bisavó Beatriz é ainda uma criança, mas logo no início da narrativa ela adquire vida própria e se coloca como adulta em relação às ações de Isabel, dando sua opinião sobre o modo como a menina se veste, como se comporta com os meninos, como age no ambiente escolar e como deve fazer para conquistar Sérgio, um menino de quem Isabel gosta e que estuda na mesma escola que ela.

A escolha de um narrador autodiegético e a narrativa em tom de diálogo que a personagem Isabel mantém com o leitor, por meio da presentificação dos acontecimentos, fazem com que o discurso narrativo se apresente pela oralidade, recurso muito eficaz para a leitura do público infanto-juvenil, conforme já foi dito anteriormente. Assim, a narrativa adquire um tom de conversa, de confissão, de desabafo, e isso aproxima o leitor da personagem, levando-o a querer saber o que vai acontecer com Isabel e, com isso, a acompanhar a história. O modo de composição da narrativa e a forma de relatar os acontecimentos, pela visão subjetiva da personagem narradora, prendem o leitor na trama assim arquitetada, desde o início da história:

> Sabe? Vou lhe contar uma coisa que é segredo. Ninguém desconfia. É que Bisa Bia mora comigo. Ninguém sabe mesmo. Ninguém consegue ver. (Machado, 1990, p.5)

Ao revelar o seu segredo em tom de conversa, ao pé do ouvido do leitor virtual, logo no início da história, a personagem-narradora faz desse leitor um cúmplice, um amigo, uma companhia para seus delírios que vão sendo externalizados no decorrer da história. E o leitor real, no ato da leitura, incorpora o leitor virtual e acompanha Isabel pelas andanças de sua mente sempre em movimento.

Isabel se situa entre dois espaços distintos, o familiar e o escolar, o que permite que o leitor acompanhe suas atividades cotidianas de filha e de estudante. Tudo o que se passa com ela no cotidiano escolar e que diz respeito aos seus sentimentos é revelado em seus diálogos imaginários com sua bisavó, ou relatados ao leitor virtual como confissão, como se ela estivesse contando seus segredos a uma amiga íntima.

Na realidade, o leitor toma conhecimento dos acontecimentos por meio da revelação da personagem, por meio de seus pensamentos e rememorações, visto que a história é mostrada pela sua perspectiva interior, como se ela estivesse abrindo a sua mente para que o leitor acompanhasse tudo o que ela vivencia no dia-a-dia e sinta o que ela sente a cada momento.

Esse modo de mostrar o funcionamento do mundo interior de uma menina em fase pré-adolescente, em que sua mente está em ebulição e seus sentimentos são colocados em cheque por ela mesma a todo momento, revela a grande capacidade de comunicação da autora, especialmente com o público juvenil. Ao centrar a problemática da história nas inseguranças, medos e provações da criança em fase de puberdade, Ana Maria Machado põe à mostra essa etapa da vida que se apresenta como um rito de passagem da idade infantil para a idade adulta, em que está em jogo a busca de compreensão, pela criança, de seu próprio eu e de sua identidade.

Essa técnica de composição narrativa utilizada pela autora demonstra, como já foi dito, a sua capacidade de se comunicar com o leitor jovem. Ao mostrar a fase da puberdade e da préadolescência com muita pertinência e competência, dando voz e comando da narrativa à personagem Isabel, a escritora possibilita ao leitor juvenil se ver como ser em transformação, em busca de seu autoconhecimento e auto-afirmação como sujeito psicológico e sujeito histórico.

É este o grande trunfo da autora em suas histórias: ela conquista o leitor pela empatia, fazendo-o viver as mesmas angústias, frustações, desejos e ansiedades que a personagem infantil ou juvenil apresenta em suas falas e pensamentos.

Tempo e existência: entre o passado e o futuro o despontar do sujeito histórico

A recorrência à memória de um tempo passado, materializada pela visão da personagem da bisavó Beatriz, e, também, a projeção para o futuro de uma personagem que viverá um outro tempo, diferente daquele vivido pela menina Isabel, através da sua bisneta Neta Beta, possibilitam ao leitor uma tomada de consciência de seu momento histórico e também a percepção da mudança de valores no transcorrer do tempo.

A memória de um tempo passado, representada pela personagem da bisavó Beatriz, ao ser confrontada com o pensamento atual de Isabel, estabelece o contraponto necessário para que a menina se situe socialmente. A figura dócil da bisavó, com sua elegância e delicadeza, representa a feminilidade da mulher que se quer instaurar em Isabel. Os valores de um momento distante de seu tempo, vividos e defendidos por alguém que mantém com ela um elo sangüíneo, fazem com que Isabel se sinta enraizada em uma família, sendo ela responsável pela continuidade de uma história familiar. Por isso, ela precisa construir a sua própria identidade feminina, como fez sua bisavó, para poder sustentar a continuidade do processo que vai resultar na existência de outras pessoas, descendentes suas em um tempo futuro. É assim que se justifica a aparição, no final da história, de uma nova personagem, vinda de um tempo futuro, distante do momento presente vivido por Isabel, que é sua bisneta Neta Beta.

A figura da bisavó representa a memória mais remota de sua família e de uma cultura, e a bisneta, Neta Beta, representa o prosseguimento de uma tradição familiar, destacando-se Isabel como o elo entre o passado e o futuro. Entre o mundo do passado, que perdeu os seus valores, e um mundo futuro, que se projeta por idéias avançadas para o momento presente, situam-se várias gerações de mulheres – a bisavó Beatriz, a avó, a mãe, a filha Isabel, sua filha, sua neta e sua bisneta Beta. Todas essas mulheres e mais a professora de História convivem em um espaço escolar, social e doméstico, ora se confrontando, ora se harmonizando, marcando com isso a continuidade de um mundo feminino que, para sobreviver, necessita se impor e se estabelecer pela defesa de valores de cada momento.

Com a bisavó Beatriz há o modelo de mulher já em idade avançada, paciente e delicada, com um modo compreensivo de falar e se revelar, próprio de um tempo em que a mulher era submissa, dependente economicamente dos pais e do marido, obediente às ordens familiares e com atividades apenas domésticas. Por isso o seu mundo gira em torno de prendas domésticas, com lenços de cambraia bordados, com roupas finas e delicadas. Tempo em que era elegante usar termos franceses e linguagem polida.

A mãe de Isabel (ela não é nomeada, apenas é mostrada como uma arquiteta que vive muito atarefada com os seus projetos inacabáveis) se apresenta como uma mulher independente e emancipada, adotando um modo realista e moderno de viver, em conformidade com o seu momento histórico, que indica o tempo presente. Não há menção na história da presença do pai de Isabel, o que leva a supor que sua mãe seja uma mulher, como tantas outras, separada de seu marido e que vive somente com sua filha. Também não há referência a outras figuras masculinas do passado ou do futuro. Somente Sérgio, o menino que estuda na mesma sala que Isabel e de quem ela gosta, faz parte da narrativa que se projeta como uma narrativa de mulheres. Isso parece evidenciar o desabrochar da alma feminina de Isabel, que passa a tomar consciência de sua própria existência como mulher.

A personagem Isabel se projeta pelo ímpeto e pela determinação de uma personalidade forte e decidida, questionadora dos valores instituídos e vivendo um momento de mudanças e conflitos, como é próprio da idade que se supõe que ela tenha, em razão das roupas que usa: short, camiseta e tênis; de suas brincadeiras de pique e de subir em muros; de seu comportamento por vezes infantil de, na escola, correr atrás de seu amigo e paquera Sérgio, e de sua posição de aluna e de filha que precisa que a mãe a busque na escola quando está doente.

Isabel, como a mãe, se apresenta como alguém que vive o momento presente, com seus valores e ideologias, e se contrapõe a quase tudo o que fala sua bisavó, que se coloca como alguém com valores antigos, próprios de sua época:

> – O que é muito feio não é o assovio. É uma menina assoviando, uma mocinha que não sabe se comportar e fica com esses modos de moleque de rua.
>
> Pronto! Pra que que ela foi dizer isso? Bem nesse momento, parecia que tinha uma voz dentro de mim, bem fraquinha, mas bem nítida, me dizendo assim:
>
> – Faça o que você bem entender! Não deixe ninguém mandar em você desse jeito.
>
> Era justamente o que eu queria ouvir. Aí nem hesitei.. Xinguei um palavrão bem xingado (nem era dos piores, mas é que qualquer palavrinha pode ser um horror para os delicados ouvidos de Bisa Bia) e saí pela rua assoviando, vestida na minha calça desbotada, calçada nos meus tênis, chutanto o que encontrava pela frente. Bem moleca mesmo. Num instante estava encarapitada no muro, vendo aquela chata da Marcela, toda frosô, arrumada numa roupa de butique, fivela de florzinha no cabelo, falando mole, cheia de nhem-nhem-nhem, jogando sorrisos para o Sérgio... (p.30-1)

A voz que aparece dentro de Isabel é o prenúncio de outra personagem que vai depois aparecer e se identificar como a sua bisneta, a Neta Beta. Esta se introduz na história como alguém que se contrapõe às idéias de Bisa Bia, apoiando Isabel em muitas situações.

A bisneta de Isabel, Beta Neta, portanto, num processo de continuidade histórica de gerações, mostra-se pela irreverência e modernidade, ao personificar a mulher com maior autonomia em relação a Isabel. Ela se mostra emancipada e decidida, atitudes que Isabel almeja em sua luta por mudanças no modo de ver as mulheres. Vejamos o trecho seguinte em que Isabel se vê diante da visão do passado, com a tentativa de ajuda de Bisa Bia e a contraposição de Beta Neta, com sua posição muito diferente em relação ao modo de conquistar um homem:

> – Meu benzinho, não fique aborrecida com sua bisavó [Beatriz] porque eu deixei cair seus lenços na escola. Minha intenção era a melhor possível. Eu só queria ajudar... Queria que o Sérgio apanhasse o lenço do chão e viesse lhe entregar, começasse a conversar com você, que você pudesse sorrir para ele, tudo isso.
>
> Continuei sem dizer nada. Mas aí ouvi bem mais forte aquela outra voz que de vez em quando me falava. E, desta vez, prestei bastante atenção:
>
> – Bisa Bia, a senhora me desculpe, mas não é nada disso. Bel não precisa fingir para ele. Aliás, ninguém tem nada que fingir para ninguém. Se ela estiver com vontade de falar com alguém, vai lá, ou telefona, e fala. Pronto. É tudo tão simples, para que complicar? (p.44)

Mas essa personagem, se apóia Isabel em suas investidas contra a bisavó Beatriz, também é contestada por Isabel em alguns momentos, que se firma em seus princípios e se fixa em seu momento histórico, construindo dessa forma a sua própria identidade.

> A voz continuou, agora falando comigo:
>
> – E você aí, deixe de ser boba, perdendo seu tempo, espetando agulha num pano, só para agradar um bobalhão que ri de você, só para bancar a menininha fina. Para que fingir? Tem hora que não dá mesmo para fingir. Largue isso e vá fazer alguma coisa útil.
>
> Foi a vez de me chatear com ela:
>
> – Não se meta onde não é chamada. Nem sei quem você é, e fica aí dando palpite na minha vida. Pois fique sabendo que não estou perdendo tempo nenhum, estou descobrindo que gosto muito

> de bordar, como gosto de patinar, de ler, de dançar, de ver televisão, de ir à praia, de brincar na calçada, de fazer um monte de coisas... E não estou fazendo isso para agradar ninguém. Só a mim mesma. (p.44)

Dona Sônia, a professora de História, e mais uma mulher na vida de Isabel, desempenha um papel importante na narrativa, ao valorizar o tempo passado, os momentos vividos por outras pessoas, fazendo com que Isabel se aperceba da importância da continuidade de um processo histórico, em que somos todos resultado de um modo de organização social existente desde tempos remotos e que, portanto, as pessoas, no passado, tinham outros valores e outro modo de vida.

É pela contraposição de valores entre o tempo passado, o presente e o futuro que Isabel se afirma como pessoa histórica. Ela defende suas posições, contrapondo-se às idéias de sua bisavó Beatriz, que a quer feminina e comportada, e, ao mesmo tempo, se confronta com as idéias de sua bisneta Neta Beta, que se apresenta como alguém com pensamentos mais avançados do que Isabel. E com isso ela se emancipa dentro de seu próprio mundo interior. Essa parece ser a grande mensagem positiva da obra, que, ao mesmo tempo em que estabelece uma reflexão sobre os valores do passado e do futuro, permite que a criança construa a sua própria identidade histórica, posicionando-se diante dos diferentes modos de ver o mundo:

> – Por que minha avó é Almeida e eu sou Miranda?
>
> – Porque quando sua avó casou, ficou sendo Ferreira, e eu nasci sendo Ferreira. Mas quando casei, fiquei sendo Miranda, que é o sobrenome do seu pai.
>
> – Mas eu quero ter o mesmo sobrenome de você, da vovó e da Bisa Bia.
>
> – Não pode, filha, cada um de nós ficou com um sobrenome diferente. Mulher quando casa é assim.

– Meu pai, meu avô e meu bisavô, todos têm o mesmo sobrenome?

– Do lado dele tem... Porque são homens.

– Eu não quero.

– Não quer o quê? Não quer casar?

– Não quero mudar de sobrenome.

– Isso você resolve mais adiante, com seu marido.

Mas eu estava decidida mesmo:

– Não. Já resolvi. O nome é meu. Desde que nasci. Meu marido ainda nem me conhece. Não tem nada com isso.

Mamãe olhou para mim com atenção e perguntou:

– E por que, Bel?

– Porque eu sou eu, ora.

E tinha gostado da frase. Do meu delírio, como disseram na escola... (p.42-3)

Delírio e emancipação: o estilhaçamento do sujeito infantil rumo à identidade feminina

A invenção de personagens femininas, situadas historicamente em tempos distantes do tempo vivido por Isabel, são fruto de seu delírio e sinalizam a busca de identidade da mulher que se encontra ainda em processo embrionário na menina pré-adolescente. Internamente, Isabel enfrenta com muita determinação e energia as idéias de sua bisavó e de sua bisneta, impondo-se sempre que a intromissão destas se apresenta em seus pensamentos. Isabel comporta-se, na maior parte da história, com atitudes próprias de um menino, com ímpeto em suas idéias e com despreocupação com a polidez e a delicadeza, coisas próprias de um mundo feminino do passado, segundo ela, que impingia às meninas uma grande restrição aos seus desejos.

– Não me interessa o seu tempo! Quando é que você vai entender que hoje em dia tudo é muito diferente? Eu sou eu, vivo no

> meu tempo, e quero fazer tudo o que tenho vontade, viver minha vida, sacou Bisa Bia? Eu sou eu, ouviu? (p.40)

Parece residir aí a justificativa da autora para a bifurcação da personagem Isabel em outros seres, momento da puberdade em que a criança Isabel se divide em diferentes eus para poder se firmar como mulher de seu tempo e com identidade própria.

A maior parte da história se passa com o diálogo imaginário que Isabel mantém com sua bisavó. Na verdade, a bisavó Beatriz representa o outro eu de Isabel, seu *alter ego*, como se a bisavó fosse o seu contraponto, o seu reverso, por isso a menina Isabel confronta-se sempre com aquela senhora polida, delicada e singela em sua fala e gestos.

A bisavó Beatriz é uma mulher que se projeta na história como alguém que já viveu e, pela experiência, conhece as etapas da vida e sabe que não se deve levar tudo tão a sério; a bisneta Isabel é uma adolescente que se mostra pelas reações emocionais, pelos seus sentimentos interiores, supervalorizando seu modo de ver, como se houvesse verdades instituídas. Por isso, o embate de idéias e a contraposição de valores servem de entrecho para que Isabel se defina, se fortaleça e se emancipe, marcando com isso a fase em que a criança deixa de ser dependente e rejeita a visão dos adultos, investindo em sua emancipação, em seu crescimento interior e na definição de sua personalidade.

O resultado é uma menina de personalidade forte, que defende suas idéias, briga pelos seus direitos, posiciona-se diante das idéias das pessoas, ao mesmo tempo em que deixa aflorar sua sensibilidade, sua carência por afeto, sua ingenuidade sobre a relação amorosa. A personagem Isabel representa a menina em fase de mudança, ainda pré-adolescente, que por vezes tem atitudes infantis e em outros momentos posiciona-se com segurança diante dos problemas a resolver.

> – Aí eu fiquei furiosa. O Sérgio é um amor, tem horas que eu quero casar com ele quando crescer, e coisa e tal. Mas se tem um

> troço que me deixa louca de raiva com ele, é essa mania de rir de mim quando os amigos estão perto, esse jeito de fazer de conta que menina é uma pessoa sem importância, de me tratar como se eu fosse boboca. Nesse dia, fiquei com tanta raiva que saí correndo atrás dele, com vontade de bater mesmo... (p.15)

Embora apareça na história como uma figura presente na vida de Isabel, a personagem que representa a mãe não é tão marcante na narrativa quanto sua bisavó e mesmo sua bisneta, servindo Bisa Bia como ponto de referência para explicações sobre o passado e sobre a história de sua família e Neta Beta como a posição da mulher num tempo futuro. Na maior parte da narrativa é com sua bisavó que Isabel dialoga, discute, aconselha-se. Na verdade, é com ela mesma que conversa, é dentro de seu mundo interior que o diálogo se desenvolve, resultando a história em longos monólogos interiores, povoados de pessoas imaginárias com quem Isabel se comunica em seu cotidiano. Nesse diálogo interno é que ela cria a personagem Neta Beta, projetando-se ela mesma para o futuro e imaginando-se bisavó de outra menina ainda mais destemida e moderna que ela.

Como já foi dito anteriormente, o discurso narrativo constrói-se pelo pensamento da menina, sendo a oralidade um recurso necessário para dar maior verossimilhança e credibilidade à narrativa, pois há coerência entre a fase da adolescência da personagem Isabel, sua forma descontraída de ser e de se expressar, e a linguagem utilizada por ela para contar sua história ao leitor, com o qual ela se comunica, explicando sempre o modo de pensar de sua bisavó e de sua bisneta.

A bisavó Beatriz é sempre uma figura amiga e colaboradora de Isabel em momentos difíceis, e a bisneta Beta é uma figura mais impositiva e com determinação sobre os caminhos a seguir. O resultado é uma história em que a significação ultrapassa o mundo infantil, levando o leitor também infantil a descentrar-se de seu egocentrismo e de seus valores presentes e olhar com outros olhos o mundo passado, representado pela bisavó de Isabel, e para o mundo futuro, representado pela sua bisneta Beta.

Como na cena da fotografia que está guardada dentro de um envelope, em uma caixa, dentro de uma gaveta, que fica em um armário, que por sua vez está no quarto da mãe de Beatriz, que representa o início de uma tradição familiar, a presença da bisneta Beta Neta representa a ponta final de um novelo que se mantém como parte de um fio vital condutor da história de uma família que teve início muito tempo antes. Nesse sentido, a personagem Isabel representa o elo entre uma existência já encerrada e uma vida que se constituirá em tempo futuro. A continuidade dessa grande família depende da decisão de Isabel, por isso é importante ressaltar a sua identidade feminina e a sua emancipação como ser infantil rumo à autonomia da pessoa adulta.

É pelo delírio de Isabel que a história se estrutura e se desenvolve. Entre o seu mundo exterior, de filha única de uma arquiteta muito ocupada e de aluna em um colégio onde ela encontra um menino de quem gosta, e o seu mundo interior, com a presença de personagens imaginárias, a personagem-narradora cria um mundo que num primeiro momento parece ser fantástico.

Da ilogicidade da narrativa à lógica fantástica do pensamento infantil

Se o livro *Bisa Bia, Bisa Bel* se apresenta sem lógica, pois incorpora personagens de tempos muito distantes em diálogos aparentemente naturais, ele também se mostra coerente pela verossimilhança que estabelece com a maneira de pensar do ser infantil. Isso é passível de confirmação quando se analisa mais demoradamente o discurso narrativo criado por Ana Maria Machado, que fica sob o comando da personagem Isabel.

E quanto mais nos debruçamos sobre o estudo do livro, mais nos fica a sensação de que ainda não chegamos ao significado mais escondido dessa história em estilo espiral, como é próprio da narrativa *en abîme*.

É como se em nossa leitura fôssemos sendo tragados por uma força que nos leva para o mundo interior da personagem juvenil Isabel, e essa força interior nos amalgamasse ao eu infantil, ao seu pensamento mais íntimo, fazendo-nos viver a ebulição de sua mente em permanente movimento de descida ao subjetivismo mais escondido e de pequenas subidas ao mundo real para respirar.

A história toda parece um mergulho em um oceano muito profundo, em que a pressão das águas nos pede que voltemos à superfície de vez em quando. E nós, leitores, para podermos continuar vivos, acompanhamos a personagem em suas subidas à superfície para poder respirar, e com a força do oxigênio poder de novo mergulhar num mundo em que só é permitido chegar pela fantasia e pela plena imaginação do delírio, da fuga para o insondável.

Difícil dizer o que é realidade e o que é fantasia nessa história. Difícil definir se se trata de uma narrativa para crianças ou jovens, ou mesmo para adultos. Mais difícil ainda é encontrar um significado único para essa história que se constrói pela mente de uma menina ainda em fase de puberdade, com modos de menino, e, ao mesmo tempo, com acentuada carga de emotividade, carência e fragilidade.

A identidade feminina brota de situações conflituosas de Isabel com sua bisavó e com sua bisneta e ela só se apresenta madura no momento em que a menina se projeta como mãe e o sujeito infantil feminino se interessa pelo sexo oposto. Parece que nesse momento Isabel se emancipa e, ao se emancipar, se afirma como sujeito histórico e psicológico.

Daí por que essa obra de Ana Maria Machado marca posição como modelo emancipatório e não apenas crítico ou até mesmo eufórico de narrativa infanto-juvenil. E também por que figura na vasta produção da literatura para crianças e jovens como o oposto de história de linha comportamental e pedagógica.

Ao deixar o discurso da personagem juvenil se desenvolver pelo fluxo do pensamento de Isabel a autora permitiu que a criança se emancipasse e se erigisse como sujeito. Se em uma primeira leitura a narrativa parece ser sem lógica e destituída de sentido, em uma leitura mais atenta ela nos leva à ampliação de nossos horizontes ao nos pôr em contato com o modo de pensar e sentir do ser infantil.

Ao dar voz à personagem infanto-juvenil, deixando que ela revele seus pensamentos; ao confrontar personagens de tempos distintos; e ao fazer com que o enredo mescle realidade e fantasia, deixando à mostra tanto uma visão consciente quanto um modo de funcionamento inconsciente da personagem juvenil, a autora construiu uma narrativa em que realidade e fantasia se fundem em uma forma muito eficaz de literatura.

Desse modo, Ana Maria Machado revela-se como uma autora de grande sensibilidade estética, de comprovado conhecimento da psicologia da infância e da juventude, e, ainda, de imensa capacidade de comunicação com o seu público, o que faz dela um nome ímpar na literatura infanto-juvenil brasileira.

Referências bibliográficas

MACHADO, A. M. *Bisa Bia, Bisa Bel*. 36.ed. Ilustr. Regina Yolanda. Rio de Janeiro: Salamandra, 1990.

______. *Contracorrente*: conversas sobre leitura e política. São Paulo: Ática, 1999.

Bibliografia consultada

CHOMBART DE LAUWE, M.-J. *Um outro mundo*: a infância. São Paulo: Perspectiva, Editora da Universidade de São Paulo, 1991.

GUTFREIND, C. *O terapeuta e o lobo*: a utilização do conto na psicanálise da criança. São Paulo: Casa do Psicólogo, 2003.

LAJOLO, M., ZILBERMAN, R. *Literatura infantil brasileira*: história e histórias. São Paulo: Ática, 1984.

MORAES, C., LAJOLO, M. *Ana & Ruth*. Rio de Janeiro: Salamandra, 1995.

RADINO, G. *Contos de fadas e realidade psíquica*: a importância da fantasia no desenvolvimento. São Paulo: Casa do Psicólogo, 2003.

ZILBERMAN, R. *A literatura infantil na escola*. 6.ed. São Paulo: Global, 1987.

ZILBERMAN, R., MAGALHÃES, L. C. *Literatura infantil*: autoritarismo e emancipação. São Paulo: Ática, 1982.

Bem do seu tamanho: literatura do diálogo, proposta de questionamento

Ricardo Benevides[1]

Intriga de adulto
não intriga criança.
– O que é que ele faz?
– Onde é que ele mora?
– Quem é seu pai?...
Criança só quer saber o que conta:
– Que tamanho que ele tem?
(Cunha, 2000)

Diálogos com texto clássico

Determinadas narrativas ao longo dos tempos receberam a denominação de "clássico" por uma série de razões, muito bem fundamentadas pelas instituições que legitimam a Literatura, mas principalmente em decorrência de seu conteúdo ser defini-

1 Professor de Teoria das Relações Públicas nas Faculdades Integradas Hélio Alonso (RJ) – FACHA.

tivo, atemporal, universal e, em muitos casos, parte integrante do inconsciente coletivo das sociedades. Nessa concepção particular, o texto clássico encontra eco em segmentos de leitores familiarizados com mitos, lendas, relatos folclóricos ou simplesmente habituados a ouvir e ler histórias. Embora essa proposição não tenha ares de "regra", o costume de se debruçar sobre uma obra, deixar-se absorver pela história, reconhecendo-se nela, surpreendendo-se com o inesperado de suas situações, pode tornar o clássico uma experiência de leitura perene, contínua. Assim, o indivíduo que leu *Moby Dick* aos vinte anos de idade carregará para sempre algo do espírito aventureiro e obstinado do Capitão Ahab, mesmo que inconscientemente e de maneira independente do grau de identificação gerado por aquela leitura. Num outro plano, subliminar, esse leitor terá referências – ora mais presentes, ora mais apagadas – da cena, do ritmo, dos navios, dos insucessos da caçada à baleia branca. Ainda que não revisite aquele texto, em outra ocasião, algo da obra de Melville mexe com o leitor para sempre, em maior ou menor proporção. Alguns dirão que isso não ocorre apenas com o clássico. Outros afirmarão que o fenômeno sequer ocorre, em qualquer encontro com a linguagem escrita, considerando esta visão uma supervalorização da estética da recepção. Alberto Manguel classifica esta qualidade de leitura como algo que "permite ao leitor possuir um texto não apenas lendo atentamente as palavras, mas tornando-as parte de si" (Manguel, 1997, p.76).

Manguel faz pensar em Lobato, se nos remetermos ao desejo de escrever "livros onde as nossas crianças pudessem morar",[2] ao enxergar essa relação de apropriação, de integração entre leitor-leitura, esse fenômeno de carregar as marcas de um texto para sempre dentro de si, e vai além:

2 O próprio Manguel diz sobre sua descoberta na adolescência: "Cada livro era um mundo em si mesmo e nele eu me refugiava" (cf. Manguel, 1997, p.24).

> Eu também, durante tempo demais, atribuí objetivos aos livros que lia ... como se eu fosse capaz de ouvir o que estava acontecendo na mente do autor, no momento da criação e de obter provas de que o autor estava, com efeito, falando a verdade. (ibidem, p.27)

Para exemplificar a importância de reconhecer os diálogos entre uma obra e outra, atribuindo significado ao que se lê, Ana Maria Machado fala de sua experiência ao contar as *Reinações de Narizinho* para seu neto. Surpresa, ela descobre que o principal empecilho não é uma linguagem menos atualizada, e sim o desconhecimento de temas que outrora eram de conhecimento mais geral entre as crianças:

> Por exemplo, logo no começo, Dona Carochinha aparece no Reino das Águas Claras, procurando o Pequeno Polegar. Como o contato das crianças com os contos populares hoje em dia se faz basicamente pelos desenhos animados e toda a parafernália Disney deles derivadas, as histórias que não foram adaptadas por esse canal ficam em segundo plano. Não são mais contadas por pais e professores. Então era preciso explicar quem era Dona Carochinha, como era a história do Pequeno Polegar, etc. ... Era preciso fazer uma longa digressão e contar uma outra história, a cada momento do enredo, interrompendo as peripécias e cortando o ritmo do autor. (Machado, 2001, p.143)

Assim, a autora começa a dar pistas do que pode acontecer com sua própria obra, no estabelecimento de diálogos entre seus personagens e outros, da cultura popular ou da literatura universal. Mas inegavelmente a idéia é evidenciar que, para fazer sentido, a citação, a intertextualidade só pode ocorrer quando há o conhecimento prévio do elemento (personagem, cena etc.) mencionado.

Assim, num exercício não tão absurdo quanto investigar todas as leituras de um autor (tarefa impossível) para percorrer o caminho de sua escrita, cabe analisar a influência e os diálogos mais evidentes de obras como *A chave do tamanho*, de Monteiro Lobato, e *Alice no país das maravilhas*, de Lewis Carroll, na obra *Bem do seu tamanho*, de Ana Maria Machado. Como objetivo mais específico, uma temática comum às três obras poderá dar margem a outros estudos, procurando perceber a intensa simbologia da mudança de tamanho dos personagens em contraponto à fase de crescimento – físico e intelectual – dos leitores.

Ana Maria: resistência às classificações

No Brasil, pouquíssimos autores têm obra tão extensa e de reconhecida qualidade literária como Ana Maria Machado. Seus livros para crianças e jovens, premiados pelas principais instituições ligadas à literatura, atingem o mercado leitor à ordem dos milhões de exemplares, editados no país e no exterior. Autora de livros para adultos, entre romances e ensaios, Ana Maria é apontada por críticos como uma das maiores escritoras da nossa literatura infantil e juvenil em todos os tempos, fazendo parte da história desse gênero no país, e é reconhecida internacionalmente, entre outros motivos, pelo Prêmio Hans Christian Andersen, recebido em 2000. Em 2003, foi eleita membro imortal da Academia Brasileira de Letras.

Embora escreva para crianças desde 1969, o primeiro livro só saiu em 1977 – *Bento-que-bento-é-o-frade*. E então suas histórias para aquele público, somadas aos juvenis, hoje chegam a mais de 150 títulos. Mesmo considerando a diversidade de uma obra tão numerosa, não seria de estranhar se a autora tivesse uma marca de estilo mais evidenciada, espécie de impressão digital literária, à qual pudesse remeter a maioria das análises. Mas a escrita de Ana Maria Machado resiste a essas classificações – que nem sempre devem ser vistas com uma conotação negativa, muitas vezes até promovem a qualidade dos recursos de um escritor.

Passeando por quase todos os gêneros conhecidos – da poesia ao teatro, do romance juvenil ao conto acumulativo –, chega a ser difícil encontrar correspondências na técnica narrativa de seus livros, nas temáticas, no grau de profundidade com que aborda suas questões, caso o propósito fosse estabelecer uma "marca-Ana Maria Machado" para toda a sua obra.

Em *Ana & Ruth*, edição que comemora seus 25 anos de literatura e também a parceria com Ruth Rocha, Carlos Moraes e Marisa Lajolo chegam a destacar-se algumas características da obra da escritora: "O fascínio pelas paisagens marinhas, pelos habitantes das praias, pelo movimento das águas, eis uma marca inconfundível dos escritos de Ana" (Bastos, 1995, p.77). Embora muito bem observado, tal a recorrência desses motivos em livros como *O elfo e a sereia, Na praia e no luar, tartaruga quer o mar* e *Mistérios do mar oceano*, o fato é que estas representações são insuficientes para delimitar uma opção temática que possa sobrepujar as demais – entre as quais se inserem a liberdade de pensamento, a busca pela individualidade do jovem, o encantamento diante do primeiro amor, entre tantas. Lajolo e Moraes ainda mencionam a musicalidade, a criação de palavras e o resgate de antigos dizeres populares, que fornecem boas pistas para a compreensão mais apurada sobre o encanto com o qual a literatura de Ana Maria atinge os jovens leitores.

Laura Sandroni prefere evidenciar outro aspecto, como marca individual:

> Ana Maria Machado faz constantemente alusões e citações de elementos colhidos na cultura popular, como em *Bem do seu tamanho* (1980), e na coleção *Conte Outra Vez* (1980/1981). Em *De olhos nas penas*, o folclore transpõe as fronteiras do país e abarca o continente sul-americano e a África. (apud Serra et al, 1994, p.39)

Antes de retornar às influências e às possíveis intertextualidades na gênese criativa de Ana Maria Machado, as quais veremos adiante em algumas formas de diálogo de sua obra com outros escritos, seria custoso não mencionar seu potencial de geração de questionamentos.

Em *Raul da ferrugem azul*, por exemplo, a metáfora do indivíduo incapaz de se indignar, lutar para fazer valer um direito, tem íntima ligação com a necessidade da autora extravasar seu próprio inconformismo em relação à inércia de parte da imprensa quanto às supressões individuais da ditadura militar que se impôs no Brasil dos anos 60. Esse relato é feito ao leitor na nova edição do livro (cf. Machado, 2003b). Mas não é novidade o propósito de fazer da literatura uma maneira de brigar por uma sociedade mais democrática. A própria Ana Maria comenta:

> Com a repressão e o fechamento da década, ficou muito difícil falar do real, mas por isso mesmo, mais do que nunca isso era necessário. E era preciso driblar a repressão. Jogar com as ambigüidades, com a possibilidade de diversos níveis de leitura, com a polissemia e a multivocidade. Aguçar a ironia. Transpor os sentidos. Fazer metáforas. Construir símbolos. (apud Bastos, 1995, p.52)

Na história, Raul confronta o motorista de ônibus, que acelera o veículo, pondo em risco os passageiros. Chamam-no de brigão, e ele estranha: "Nunca o tinham chamado disso. Não brigava, não discutia. Só mesmo essa vez, porque não conseguiu ficar calado, não dava pra engolir" (Machado, 2003b, p.59). O sentimento de revolta é o ponto de partida para as conclusões do personagem. E as reflexões que podem advir de acontecimentos como o que envolve o protagonista permitem a Laura Sandroni opinar sobre a valor da obra:

> Livros como *Raul da ferrugem azul* são importantes, não só pelo prazer da leitura, por toda a sua carga lúdica, que desperta o interesse da criança, mas também por levá-la a pensar e a refletir sobre sua posição no mundo. (Sandroni, 2003, p.89)

Ana Maria permite que a criança pondere sobre todos os aspectos que envolvem a polêmica, lança-a num dilema, o qual deve ser resolvido individualmente.

Assim, considerando as análises de alguns dos principais estudiosos da obra de Ana Maria Machado, mas frisando a dificuldade de classificá-la por algum par de características – a partir dos temas, das estruturas narrativas e até mesmo da linguagem empregada em cada título –, cabe pensar que a autora tem uma notada propensão a levar seus leitores ao questionamento. Em *Bem do seu tamanho* essa tônica é retomada.

O "problema do tamanho": Helena, Emília e as Alices

"O homem descobre-se quando se mede com o obstáculo." Com esta citação de Saint-Éxupéry, os autores Roland Bourneuf e Réal Ouellet (1976, p.202) introduzem uma teorização sobre a forma como o romancista pode constituir um personagem, indo além do que falam dele, ou ele de si próprio. Para dizer ao leitor quem ele é, talvez seja mais eficiente impor-lhe provações e toda uma sorte de contratempos, os quais revelarão seu comportamento, muitas vezes sua índole, dando sentido à trama.

Dito isso, passemos à figura de Helena, protagonista de *Bem do seu tamanho*. Reafirmando a propriedade da obra de Ana Maria, quanto a propor questões ao leitor, a personagem em foco vacila na compreensão de seu verdadeiro "eu". Ora os adultos dizem que ela é "grande demais" para determinadas atitudes, ora classificam-na como "pequena demais" para assumir outras responsabilidades. Na dúvida, Helena parte em viagem, à busca de elucidar o enigma do tamanho. Procura por respostas. E, à medida que se lhe atravessam o caminho outros personagens com opiniões diversas sobre a questão, a protagonista vai, pouco a pouco, intensificando a abordagem das suas reflexões, revelando-se para o leitor e chamando-o a participar. É inegável o potencial de identificação do problema do tamanho com a realidade experimentada por muitos dos pequenos leitores.

Porém, a obra não se limita a discutir o tamanho sob o único ponto de vista das permissões e das obrigações (ao grande cabe o trabalho na roça; ao pequeno não é permitido balançar num galho de árvore). Também a relatividade do tamanho entra em debate quando a menina pergunta ao boi mamão – brinquedo inventado, feito da fruta mesmo – o que ele sabe sobre o tema:

> Sei lá, Helena, é muito difícil. Eu acho que tudo está sempre mudando. As folhas, por exemplo. Quando eu ainda era só mamão e morava lá no alto do mamoeiro, as folhas ali perto da gente eram enormes. Mas as folhas do pé de abóbora aqui no chão eram tão pequenininhas... (Machado, 2003a, p.9).

Surge então o novo aspecto do tamanho, o que trata da perspectiva.

Mas os questionamentos continuam: "Eu quero saber se a gente pode estar grande numa hora e pequena noutra. Nem é isso. Eu quero mesmo é saber como é que eu sou, se sou grande ou sou pequena" (ibidem, p.10).

Então temos os três aspectos: o tamanho como forma de indicar a autonomia do indivíduo; o tamanho como relação ótica, que prevê a noção de perspectiva; e o tamanho como algo absoluto, no sentido físico do termo, de corpos que podem ser medidos a partir de qualquer escala.

Essas três maneiras de entender o tamanho vão-se intercalando ao longo da obra, enquanto Helena segue viagem e encontra outros personagens. Com o menino Tipiti, descobre que o crescimento pode ser medido, colocando-se junto a uma árvore e fazendo marcas no tronco, para saber a altura. E Flávia confunde ainda mais o entendimento de Helena, misturando dois aspectos do tamanho: ela diz que seu irmão é menor (no sentido de *ter menos* idade) e maior ao mesmo tempo (no sentido de altura). Já o realejo reaviva o dilema do tamanho como autonomia quando oferece à Flávia o seguinte verso: "Quem não sabe ter coragem / Fica sempre pelo chão / Se você levar um susto / Cresça e não corra não" (ibidem, p.46). A sugestão é que podemos ser *grandes por dentro*, se destemidos. Nesse sentido a pluralidade semântica que envolve os termos do "problema do tamanho" permitem ao leitor um universo de suposições e inegavelmente enriquecem a experiência da leitura.

Com essas ponderações, Ana Maria talvez provoque no leitor a curiosidade por descobrir os diversos significados que um conceito pode possuir. Fosse com qualquer outra idéia, a proposta já seria interessante – sugerindo jogos de palavras, que aliás merecem comentário mais adiante –, todavia as potencialidades do tamanho, como já foi dito, são particularmente tentadoras ao pequeno leitor, o qual está em constante transformação, na experiência do crescimento. Há muita chance de que esse tipo de construção essencial possa mesmo estabelecer um alto grau de cumplicidade com o leitor criança, se ele é capaz de se reconhecer nas situações (obstáculos) impostas a Helena.

Além dos questionamentos que o texto de Ana Maria é capaz de instigar, *Bem do seu tamanho* também é obra destacada na literatura infantil brasileira na medida em que dialoga com outros textos de notório valor estético e voltados para aquele público. Não só em função da temática, o caminho percorrido por Helena, a busca por resolver o problema colocado no início da narrativa, é muito semelhante ao caminho percorrido por Emília, em *A chave do tamanho*, e igualmente de referências explícitas às *Aventuras de Alice no país das maravilhas*.

Helena e Emília

Com intenção de encerrar o conflito causado pela Segunda Guerra Mundial, Emília utiliza um superpó – fruto de uma pesquisa do Visconde, aperfeiçoando o "já conhecido" pó de pirlimpimpim – para viajar até a Casa das Chaves, um lugar onde estariam os mecanismos que regulam todas as coisas do mundo. Mas em vez de mexer na chave da guerra, Emília derruba acidentalmente a do tamanho, mudando as relações de proporcionalidade entre os seres humanos e as coisas que os cercam. Espantada com o novo mundo que se apresenta aos seus olhos, ela vacila: "– Será que tudo ficou grande e as criaturas estão do mesmo tamanho de sempre ou tudo está do mesmo tamanho de sempre e fomos nós que diminuímos?" (Lobato, 1976, p.26).

Os pontos de contato entre as histórias de Helena e Emília (Ana Maria e Lobato) não param por aí. Além de discutir o tamanho como relação (em *comparação a*), e impor à heroína a necessidade de partir, enfrentar uma quantidade de dificuldades para alcançar seu objetivo, *A chave do tamanho*, a exemplo de *Bem do seu tamanho*, também trata do tema sob o ponto de vista da autonomia, das potencialidades de quem é grande, de quem é pequeno, das vantagens do crescimento, das limitações de quem não muda de dimensão.

Helena precisa passar uma roupa e, na falta de eletricidade na casa onde mora, vai até o fogão pegar algumas brasas para colocar no ferro. O pai a impede, julgando-a pequena demais para mexer com fogo. Ela não tem autonomia, tanto quanto os personagens do Sítio, quando desejam manusear um livro de proporções colossais. Dona Benta conclui: "Estou vendo que toda a cultura humana, guardada nas bibliotecas, está perdida. Tirar os livros das estantes já vai ser quase impossível. Abri-los é um trabalho e lê-los, letra por letra, caminhando de pé por baixo das linhas, é esforço lento e fatigante" (Lobato, 1976, p.63). É o caso de reparar que a autonomia (ou a falta dela) relacionam-se com o tamanho nas duas obras, embora de forma ligeiramente diferente. No caso de Helena, não lhe é permitido um ato, em função de seu tamanho (ou talvez de sua experiência). No caso dos personagens de Lobato, simplesmente não lhes é *possível* o ato, por conta das limitações de suas pequenas dimensões. Ainda assim, ambos os autores colocam em xeque as potencialidades do indivíduo, na relação direta com as proporções.

O episódio das chaves em Lobato parece ter sido inspirado em *Aventuras de Alice no país das maravilhas*, quando a menina diminuiu de tamanho, deixando a chave que a libertaria de um salão em cima de uma mesa enorme. Ela encontra um bolo com a inscrição "coma-me", e imagina ser ele a solução do problema: "se me fizer crescer, posso alcançar a chave; se me fizer diminuir, posso me esgueirar por baixo da porta; assim, de uma maneira ou de outra vou conseguir chegar ao jardim" (Carroll, 2002, p.18).

Helena e Alice

A influência de Alice na obra de Ana Maria é mais do que conhecida. A autora brasileira já traduziu o livro de Carroll e considera-o "o fundador da literatura infantil de verdade, aquela que não fica querendo ensinar nada nem dar aulinhas, mas faz questão de ser uma exploração da linguagem, matéria-prima de toda obra literária de qualidade" (Machado, 2001, p.199). Não por acaso, seu trabalho de tradução recupera o sentido de uma série de brincadeiras com palavras propostas pelo criador de Alice, jogos e canções compreensíveis apenas para o leitor da época. Ana Maria enfatiza a importância do *nonsense* (diferente de algo "sem sentido", mas sim com um sentido invertido) para encantar os pequenos leitores. Esse exercício é recorrente na obra de Lewis Carroll. Veja-se por exemplo o diálogo de Alice e a Rainha:

> "Já esteve com a Tartaruga Falsa?"
>
> "Não", respondeu Alice. "Nem sei o que é uma Tartaruga Falsa."
>
> "É aquilo de que se faz a Sopa de Tartaruga Falsa", explicou a Rainha. (Carroll, 2002, p.91)

São muitas as semelhanças entre o dilema vivido por Alice e as dúvidas de Helena quanto ao seu real tamanho. Perguntada sobre as dimensões que desejaria ter, Alice responde: "Oh, não faço questão de um tamanho certo; ... só que ninguém gosta de ficar mudando toda hora, sabe" (ibidem, p.50). Helena corrobora essa tese: "Tem horas que meu pai me diz que eu estou muito grande para fazer uma coisa. Daí a pouco diz que eu ainda sou muito pequena para fazer outra coisa. Vai ver que é porque eu diminuí" (Machado, 2003a, p.22).

Na edição comentada, com ilustrações originais de John Tenniel, Martin Gardner registra doze ocasiões nas quais Alice muda de tamanho. Fora os efeitos físicos da transformação, a personagem passa por uma crise de identidade semelhante à de Helena: "Receio não poder ser mais clara ... pois eu mesma não consigo entender, para começar; e ser de tantos tamanhos diferentes num dia é muito perturbador" (Carroll, 2002, p.45). Mais adiante, chega à conclusão da desvantagem de não ter tamanho: "as coisas estão piores do que nunca ... pois nunca fui tão pequena assim antes, nunca! Eu garanto, isto é muito ruim, de verdade!" E os diálogos com Helena continuam, embora a personagem de Ana Maria tenha opinião diversa, ainda que momentaneamente, sobre ser pequena:

> – Mas quer dizer então que a gente só pode ficar crescendo sempre? Nunca mais vou poder ficar pequena como eu era antes? ... Foi dando uma tristeza nela, que já estava ficando com vontade de chorar. Ser grande sempre? Era muito sem graça. (Machado, 2003a, p.55)

Se não bastassem as similitudes já evidenciadas para estabelecer um diálogo entre as obras, matéria de intertextualidade em torno da discussão sobre o tamanho (um assunto *tamanhudo*, como diria a Emília de Lobato), Ana Maria encontra ainda espaço em seu texto para fazer jogos de palavras *à la* Carroll. Recurso utilizado em vários de seus livros, aqui ela compõe não um, mas dois personagens capazes de subverter a língua e encantar crianças. A menina Flávia gosta de perceber que, às vezes, duas palavras cabem em uma – como em "caravela" ou "brincadeira". E há o espantalho de nome Pé da Letra, que participa de uma cena (diálogo) *carrolliana* quando Helena e seus dois amigos o encontram no meio do milharal:

> – Será que o senhor sabe de algum lugar nestas redondezas onde possamos conseguir pousada para esta noite?
>
> O espantalho respondeu:
>
> – Não sei, não, meus amigos, porque nunca saio daqui e se eu fosse nessas redondezas ficava tonto.
>
> – Tonto? – se espantaram os três.
>
> – Todas as coisas que ficam rodando me deixam tonto. Não me dou bem com redondezas. Gosto mesmo é de ficar parado.
>
> E enquanto os três se olhavam com vontade de rir, ele continuava:
>
> – Mas podemos perguntar aos pássaros. Eles vivem voando e pousando em todo lugar. Quem pousa deve conhecer todas as pousadas. (ibidem, p.32)

O texto avança com o espantalho explicando a sua incomum amizade com os pássaros. Segundo ele, sua função é "espantar alho", não havendo porque espantar aves.

Seja pelo sentido (no caso, o *nonsense*), ou pelas peripécias em torno da busca pelo tamanho, as obras de Carroll e Ana Maria possuem muitos pontos de contato. E não é só em *Bem do seu tamanho* que a autora brasileira encontra lugar para dialogar com o clássico *Alice*. Há também o romance *Alice e Ulisses* (Machado, 1990), obra em que o intertexto é provavelmente o pano de fundo de toda a narrativa.

Alice e Alice

Na edição analisada, o texto de apresentação da obra atenta para o fato de que a personagem não é a Alice de Carroll, embora possua o "ímpeto, a fantasia", e Ulisses não é o mesmo "herói épico de Homero, mas é como se fosse, só que ancorado no século XX, dividido entre a razão e a paixão" (ibidem). O fato é que, independentemente do que se poderia afirmar sobre os dois protagonistas tal e qual os compôs Ana Maria Machado em *Alice e Ulisses*, a referência ao contexto dos clássicos se dá em planos mais sutis, na caracterização de ambos. As alusões mais explícitas a temas universais ficam por conta de trechos de narrativas como a *Moura torta*, *A bela adormecida* ou *A bela e a fera*, entre outros, que vão entremeando o discurso do narrador, proporcionando à leitura um constante exercício de recuperação de outros motivos. A simples escolha dos nomes já poderia remeter o leitor a dois dos mais representativos personagens da literatura universal – guardadas as devidas proporções, dos tempos, das interpretações –, para não mencionar a "afinidade sonora" e sibilante entre eles.

Mas as Alices de Ana Maria e de Carroll têm muito mais em comum do que simplesmente o nome.

Pouco depois de conhecer Ulisses, Alice sai para caminhar com ele, num passeio pelo centro da cidade. Vai comendo fatias de abacaxi, fruta comprada numa carrocinha. Lambuza-se como uma menina, a menina-Alice, degustando o alimento "com jeito de infância". E "Ulisses se espantou com a visão repentina daquela menina camponesa por trás da mulher elegante que ainda há pouco se movia tão à vontade no coquetel" (ibidem, p.22). Em referências suaves, Ana Maria Machado encontra o lugar de desenhar uma personagem dentro da outra, e é muito possível que o ponto de contato entre ambas tenha alguma relação com as mudanças de tamanho, porém num plano metafórico. É a metáfora da menina-mulher que encerra o pequeno-grande, o contraste entre um pólo e outro, dialético, mas muito tentador se visto sob o aspecto da transformação repentina – como ocorre na Alice de Carroll, ao comer pedaços de cogumelo, bolo ou beber líquidos para mudar de tamanho.

Ulisses, no passeio, vacila na compreensão de quem é esta mulher; em três linhas, o texto dá conta de que ele a julga "feiticeira", depois "moça" e então "menina sadia babando calda de abacaxi". Atraído por ela, ocorre o envolvimento amoroso intenso entre os dois, deflagrador do relacionamento. Nesse momento, a autora reafirma a composição da personagem em diálogo constante com o clássico, fazendo-a seduzida pela força do homem Ulisses, e ao mesmo termo amedrontada. Tentada e sem poder resistir, Alice se deixa levar pelo ímpeto do ser amado, porém sempre receosa. Segue amando-o – ele casado –, segue em frente, sem saber o destino de uma paixão tão avassaladora. Vai em busca de uma saída, tanto quanto a Alice de Carroll procura sua própria saída do País das Maravilhas, igualmente sem controlar os mecanismos que regulam o ambiente à sua volta. A Alice de Ana Maria não é capaz de regular seu próprio coração, embora procure constantemente o contraponto da razão:

> O negócio era ir em frente. Foram. Aparentemente, seguindo o roteiro clássico, com todos os seus clichês. Apenas com variações pequenas na definição dos personagens: homem compulsivo demais, mulher com pretensões à lucidez, ambos excessivamente emocionais. A gente não pode continuar. Vamos quebrar a cara. Mas vamos. Maior que tudo, a vontade de viver. (ibidem, p.57-8)

O "roteiro clássico" já seria o bastante para fazer conversar as duas "meninas", abandonadas a toda sorte de eventos inesperados, sempre no intento de vislumbrar suas próximas opções. As "pretensões à lucidez" bem poderiam espelhar a necessidade recorrente da Alice de Carroll de confrontar as loucuras do País das Maravilhas com o mundo real, seu conhecido.

Esse caminho leva Alice e Ulisses a um estágio tão intenso da vivência amorosa que o rompimento é quase inevitável, tamanha a dependência emocional estabelecida entre eles. Em posições diversas, com comportamentos nada semelhantes, homem e mulher já não podem continuar. Então, as alusões ao mundo maravilhoso de Carroll parecem emergir com mais intensidade no discurso de Alice. Ela compara o senso de justiça de Ulisses ao da Rainha de Copas; compara seu relacionamento à quadrilha maluca da Lebre de Março e do Chapeleiro Louco; e conclui: "Só que esta Alice aqui, como a outra, um dia acorda do sonho, vê que é tudo um monte de cartas do baralho, um punhado de folhas secas". (ibidem, p.88)

Sair do sonho, encontrar a saída para algo tão envolvente como a paixão, como o relacionamento com Ulisses levam a Alice de Ana Maria Machado a procurar compreender a si própria, sua maneira de agir, seus sentimentos. O narrador revela as conclusões a que poderiam chegar, Alice e os leitores, na descrição do temperamento da protagonista:

> Filha de Eva, isso é que Alice era. Bem como a Alice da história, filha de Eva depois da Revolução Industrial, deixando para trás o tempo do tear manual. Curiosa, inquieta, louca para saber de tudo, trazendo como marca original o que os homens chamaram de pecado – a vontade de conhecer a qualquer risco, de dominar o conhecimento do bem e do mal. A maçã tentadora não era a que guardava em si o sono de Branca de Neve, dada pela madrasta perto de quem os *homens ficavam anões*. Era a fruta que a sinuosa serpente deu a Eva, o cogumelo que a lânguida lagarta ofereceu a Alice entre baforadas narguiladas ... A fruta realmente aliciante era a da eterna transformação, da *mudança de tamanho* a cada novo gole ou mordida, nem que fosse para nadar pequenina nas próprias lágrimas ou estourar imensa as paredes da casinha bem arrumada. (ibidem, p.110, grifo nosso)

Entre tantas menções sutis à obra mais conhecida do reverendo Charles Lutwidge Dodgson, ou simplesmente Lewis Carroll, esta é a mais clara, na qual se evidenciam os principais traços que unem as duas personagens. A metáfora da Alice de Ana Maria Machado é a mudança de tamanho, aqui referindo-se à estatura interna do ser humano, no caso, a mulher; no entanto, ela é enriquecida pela imagem da menina *carrolliana* que alterna momentos de grandeza e pequenez, para entrar e sair dos recintos no País das Maravilhas. É inegável que, com essa alusão tão explícita, a autora também permite que outros significados venham fazer parte do seu próprio discurso – as potencialidades do tamanho, o dilema existencial de Alice, entre outros.

Referências bibliográficas

BASTOS, D. (Org.) *Ana & Ruth*. Rio de Janeiro: Salamandra, 1995.

BOURNEUF, R., OUELLET, R. *O universo do romance*. Coimbra: Almedina, 1976.

CARROLL, L. *Alice*: edição comentada. Ilustr. John Tenniel. Intr. e notas Martin Gardner. Trad. Maria Luiza X. de A. Borges. Rio de Janeiro: Jorge Zahar, 2002.

CUNHA, L. *Cantigamente*. Ilustr. Marilda Castanha e Nelson Cruz. Rio de Janeiro: Ediouro, 2000.

LOBATO, J. B. M. A chave do tamanho. In: ______. *Obras completas*. São Paulo: Brasiliense, 1976. (Série B, v.3).

MACHADO, A. M. *Texturas*: sobre leituras e escritos. Rio de Janeiro: Nova Fronteira, 2001.

______. *Bem do seu tamanho*. 2.ed. Ilustr. Mariana Massarani. São Paulo: Salamandra, 2003a.

______. *Raul da ferrugem azul*. 2.ed. Ilustr. Rosana Faría. São Paulo: Salamandra, 2003b.

______. *Alice e Ulisses*. 4.ed. Rio de Janeiro: Nova Fronteira, 1990.

MANGUEL, A. *Uma história da leitura*. São Paulo: Companhia das Letras, 1997.

MESERANI, S. *O intertexto escolar*: sobre leitura, aula e redação. São Paulo: Cortez, 1995.

SANDRONI, L. In: SERRA, E., MACHADO, L. R., MIRANDA, C. *O livro para crianças no Brasil*. São Paulo: Câmara Brasileira do Livro, 1994.

______. *Ao longo do caminho*. São Paulo: Moderna, 2003.

A narrativa dos anos 90: retratos de jovens

Alice Áurea Penteado Martha[1]

> A ficção é um lugar ontológico privilegiado: lugar em que o homem pode viver e contemplar, através de personagens variadas, a plenitude da sua condição, e em que se torna transparente a si mesmo; lugar em que transformando-se imaginariamente no outro, vivendo outros papéis e destacando-se de si mesmo, verifica, realiza e vive a sua condição fundamental de ser autoconsciente e livre, capaz de desdobrar-se, distanciar-se de si mesmo e de objetivar a sua própria situação. (Candido, 1972a, p.48)

As crianças cresceram! Essa parece ser a primeira observação do leitor das narrativas de Ana Maria Machado, publicadas nos anos 90, ao constatar que as personagens infantis de obras anteriores se transformaram em adolescentes e que, no rito de passagem, preservaram a capacidade de compreender e sinteti-

---

1 Professora de Literatura Brasileira da Universidade Estadual de Maringá (PR) – UEM.

zar o mundo. Raul, aquele da ferrugem azul (*Raul da ferrugem azul*, 1.ed., 1979), desenferrujou de vez e anda pelo mundo, questionando atitudes e comportamentos. Pintas azuis na garganta ou nas pernas? Nada como uma boa argumentação ou uma atitude mais corajosa para enfrentar a situação. A menina bonita do laço de fita (*Menina bonita do laço de fita*, 1.ed., 1986) vive faceira em uma sociedade que, se tem problemas com os preconceitos, já não os escamoteia com tanta veemência; Lucas, o garoto que espiava para dentro (*O menino que espiava para dentro*, 1.ed., 1984), valorizando a imaginação como requisito indispensável para a criação de um mundo melhor porque mais livre, ao chegar à adolescência revela condições de aceitação, reconhecimento e inserção no real; o menino Pedro, que, com seu boi voador (*O menino Pedro e seu boi voador*, 1.ed., 1979), desde cedo buscou a síntese entre realidade e fantasia, continua acreditando na possibilidade de coexistência entre explicação lógica e utopia; Sérgio, o domador de monstros (*O domador de monstros*, 1.ed., 1980), que encontrou forças nele mesmo para vencer o medo das sombras na noite, enfrenta novos perigos com determinação, e, finalmente, Bel (*Bisa Bia, Bisa Bel*, 1.ed., 1982) que, ao recuperar a história de Bisa Bia, aprende a viver consigo mesma. Traços dessas e de tantas outras criaturas de Ana Maria Machado podem ser encontrados na leitura do *genoma* das jovens personagens que transitam pelo mundo da ficção em novas aventuras; em suas veias deve correr o sangue das crianças que as precederam, pois, como bem notou o Coelho, coadjuvante da menina bonita do laço de fita, "a gente se parece sempre é com os pais, os tios, os avós e até com os parentes tortos" (idem, 1986, s/n).

Mas, como não pretendemos discorrer aqui sobre toda a produção da escritora, a epígrafe, buscada em Antonio Candido, pode apontar os rumos que desejamos dar a este texto. Queremos observar como o modo de representação do adolescente, nas narrativas *Uma vontade louca* (1.ed., 1990), *Isso ninguém me tira* (1.ed., 1994), *Tudo ao mesmo tempo agora* (1997) e *Amigo é co-*

migo (1.ed., 1999), pode transformá-las em espelhos, em espaços de contemplação, nos quais o jovem, vivenciando e desempenhando papéis, é capaz de apreender o real que o circunda, já que, como leitor, ao entrar no espaço da ilusão, tem liberdade para simular e experimentar as variadas emoções por que passam as personagens no mundo narrado.

De tal ponto de vista, as narrativas em foco podem ser consideradas *narrativas de formação*, subgênero muito próximo do *Bildungsroman (romance de formação)*, uma vez que relatam o desabrochar sentimental, a aprendizagem humana dos protagonistas, adolescentes que aprendem ao conhecer a si mesmos e aos outros, penetrando, gradualmente, nos segredos da existência. Entre as várias possibilidades de enfocar o processo de elaboração da imagem do jovem nas obras selecionadas, optamos por verificar elementos fundamentais da estrutura narrativa, especialmente narrador, focalizador e personagens, amarrados sempre pela singular construção lingüística dos textos.

A construção da imagem de adolescentes

No que se refere aos narradores, podemos reconhecer três categorias nos textos em questão: em *Isso ninguém me tira* e *Amigo é comigo*, os narradores são protagonistas, contam as situações que vivem; em *Uma vontade louca*, o narrador situa-se no interior da história e também relata suas emoções, ainda que não seja o protagonista; já em *Tudo ao mesmo tempo agora*, a voz narrativa está fora dos eventos que narra, ou seja, o narrador não faz parte do mundo narrado. A observação sobre o modo de ser do narrador mostra-se importante porque, por suas características, podemos considerar o grau de proximidade entre esse elemento da narrativa e o leitor e, a partir daí, acompanhar a instauração do processo de identificação entre o adolescente e os seres do mundo ficcional, processo que oferece ao leitor, ainda, a possibilidade de refletir sobre sua condição e de elaborar sua própria imagem enquanto ser-no-mundo.

Em *Uma vontade louca*, notamos uma peculiaridade em relação à figura do narrador, uma vez que se trata de voz masculina, de um jovem de aproximadamente dezessete anos, cujas experiências deveriam ser muito diferentes, portanto, daquelas vividas pela autora, na fase da maturidade. Esse distanciamento, no entanto, não provoca dissonâncias na narrativa, pois há um ponto comum entre narrador e autora, já que ambos envolvem-se com a criação literária. Marcos, o narrador, ao relatar a história do encontro impossível entre a fantasia e a razão, entre unicórnios e dinossauros, opostos representados pelas figuras de Mariana e Jorge, não só comenta suas dificuldades com a produção escrita, repetindo, até mesmo, as observações do Professor de Português sobre suas redações escolares, como reflete sobre o processo criativo, a construção do texto narrativo:

> Ah, porque também estou descobrindo que uma história inteira (esta história, pelo menos) não tem só o antes e o depois. Tem também uns lados diferentes. E uma das coisas mais difíceis é a gente contar o que ia acontecendo ao mesmo tempo em cada lado. Contar o "enquanto isso..." que a gente vê tão bem nas histórias em quadrinhos, mas que, quando chega na hora de contar com palavras, a gente nunca sabe se já está precisando mudar de quadrinho, de cenário, sei lá como é que se chama. (Machado, 1998, p.9-10)

Em pequena entrevista, publicada no final do volume em questão, Ana Maria Machado comenta que pode ter sido de fato uma estratégia, ainda que inconsciente, a utilização de um narrador que discute o fazer literário, para diminuir a distância entre a autora – mulher e mais madura – e o narrador, jovem adolescente: "Pode ser que então, inconscientemente, eu tenha tentado equilibrar e criar algo não muito próximo de mim – alguém que também escreve" (ibidem, p.133). Essa proximidade torna-se mais latente quando notamos, ainda, que tanto a autora quanto o narrador revelam preocupações semelhantes com a recepção de suas obras. Ela, citando Umberto Eco e seu estudo *Seis passeios pelo bosque da ficção*, concebe o leitor não como decodificador, mas como o sujeito que, a "cada situação, escolhe uma solução. Para cada personagem, cria uma cara imaginária. Para cada cenário, visualiza um quadro" (Machado, 1999b, p.92). Sob sua perspectiva, ler ficção "não é uma atitude passiva, mas uma atividade que consiste em se dispor a aceitar algumas coisas, acreditar em outras e imaginar outras tantas" (ibidem), concepção muito próxima do que os estudos da recepção designam como trabalho de "concretização" da obra literária pelo leitor; Marcos, o narrador em pauta, revela concepção semelhante sobre a função do leitor no ato de ler, quando, dirigindo-se diretamente ao leitor, ao modo de Machado, demonstra reconhecer e valorizar a recepção. Para ele, o texto que produz apresenta uma série de possibilidades ou indeterminações que dependem da interpretação do leitor:

> Deixo isso [a descoberta da importância de determinado fato na narrativa] para você pensar e descobrir. Quem escreve, afinal de contas, não pode descobrir tudo, tem que deixar uma porção de coisas também para quem lê. (Machado, 1998, p.31-2)

A leitura da produção não-ficcional de Ana Maria Machado tem demonstrado que aspectos e modos da construção narrativa também fazem parte de suas preocupações, como podemos observar no texto da palestra proferida em Bogotá, em 1997. Nas considerações que faz aos estudos de neurologia de Steven Pinker, professor de Harvard, concorda que o homem, com o instinto da linguagem e "biologicamente preparado para a narrativa", vai tirando de suas próprias experiências fios de história "que contêm o 'que' aconteceu 'a quem', 'por quê', 'e depois', 'e como', 'e onde', 'e para quê', 'e enquanto isso..." (ibidem, p.105). De modo semelhante, o narrador de *Uma vontade louca* deixa transparecer sua preocupação com a organização dos elementos da narrativa, quando, por exemplo, depois de assistir a uma peça de teatro, percebe a ausência do *cenário* em seu texto:

> é que ontem fui ao teatro e fiquei pensando que está faltando cenário nisto que estou escrevendo. Sabe como é, o lugar onde acontece a história. ... Eu, não. Comecei conversando, apresentei Mariana e Jorge, contei a primeira discussão deles e ainda não disse nada do lugar. Pois vou dizer agora. (ibidem, p.32)

Ainda no que diz respeito ao modo de narrar, é interessante ressaltar a preocupação desse mesmo narrador em ceder a voz às criaturas do mundo narrado, para que o relato possa privilegiar os dois lados, o de Jorge e o de Mariana. Assim, além do recurso ao discurso direto, ele dispensa dois capítulos inteiros para que ambos relatem, de viva voz, suas experiências, alterando, até mesmo, o ponto de vista da narrativa:

> Vou contando [diz o narrador] o que fui vendo e ouvindo. E quando precisar falar mais de um lado do que de outro, ... vou pedir a eles mesmos que contem também. (p.10)

Por essa razão é que, no capítulo seis, intitulado "Que, na verdade, era uma fita gravada", a narrativa passa à responsabilidade de Jorge, que envia a Mariana uma fita com a gravação de uma pesquisa sobre os dinossauros, e o *ele* do discurso se transforma em um *eu,* também masculino:

> Descolei um outro trabalho. Lembra que eu te disse que o Mafra tinha me chamado para um papo? Pois é... Me pediu para ajudar a lavar os vidros do laboratório e a arrumar tudo por lá. Estou fazendo isso de noite, porque na saída do colégio tenho que correr para o Geraldão. (p.56)

Se o capítulo seis é narrado *oralmente* por Jorge, o sétimo é totalmente produzido por Mariana, com uma linguagem cujas marcas são, predominantemente, da *escrita,* como se pode observar desde o título: "Formado por um bilhete, uma pesquisa e alguns P.S.". Do mesmo modo, além da voz narrativa e do registro com o qual constrói a narrativa, o ponto de vista é da menina, confirmando-se o que o narrador havia antecipado em páginas anteriores. Ela, ao falar das pesquisas sobre unicórnios, revela uma visão própria da figura do imperador Júlio César, diferente daquela veiculada de forma cômica, quase satírica, nas histórias quadrinizadas de *Asterix*, criação de Uderzo e Gosciny:

> Bom, mas também posso te falar outra coisa. Sabe o Júlio César, imperador de Roma, general, conquistador? Devia ser um homem prático, guerreiro, político, essas coisas... Não era só aquela figura ridícula que a gente vê nas histórias de Asterix. (p.65-7)

Também em *Isso ninguém me tira*, Gabi, a narradora, uma garota da mesma faixa etária de Marcos, deseja ser escritora e comenta, com freqüência, seu modo de produção literária; nessa narrativa, porém, a narradora é protagonista, conta sua própria história, emoções e fracassos nas relações de amor e amizade, mas a alternância de pontos de vista mantém-se e é fundamental. Se é Gabi quem narra os fatos, é importante frisar que ela não o faz unicamente de sua ótica; procura, democraticamente, expor a visão dos demais envolvidos nos episódios e usa processos muito semelhantes àqueles utilizados pelo narrador em *Uma vontade louca*. Assim, se a narrativa é iniciada sob o registro de sua voz e visão, repentinamente ocorre uma alteração que se estende, até mesmo, ao gênero, que passa a *epistolar*, pois os mesmos acontecimentos são relatados por cartas, escritas por Dora, a prima e amiga, apaixonada por Bruno, como Gabi; além das cartas, uma gravação em fita cassete, feita pelo garoto, o pivô da situação complicada entre as meninas, coloca o leitor diante de três visões diferentes dos mesmos fatos. Os capítulos 1, 2 e 3 trazem o mesmo título, "Como tudo começou"; cada um deles, entretanto, apresenta subtítulos, "Versão da Gabi; Versão da Dora e Versão do Bruno". Mas a menina explica a estratégia de narrar o mesmo fato de pontos de vista diferentes:

> Apesar desse título aí, ainda sou eu, Gabi, quem conta. Sou eu mesma quem está contando tudo. Mas é que, de repente, me ocorreu uma coisa. Eu já contei o meu lado e o lado da Dora nessa trapalhada toda. Como as coisas se passaram aquele dia na praia. E acontece que, de alguma forma, eu posso trazer também uma versão do Bruno. Eu não tenho as cartas dele, não é isso. Mas no dia seguinte daquele da praia, ele deixou uma fita gravada para mim, dentro de um envelope, na portaria do meu prédio. (Machado, 1999c, p.31)

Em *Amigo é comigo*, Tati escreve o livro para um concurso do colégio, mas acaba desistindo da participação porque compreende que os fatos foram relatados unicamente de seu ponto de vista, o que, a seu ver, é injusto: "Contei tudo o que aconteceu – como lembro, e do meu ponto de vista. Mas sei que pode haver outros. Os das minhas amigas" (Machado, 1999a, p.85). Além de reconhecer os problemas de uma narrativa concebida a partir de um único olhar, a menina constata a função humanizadora da obra literária na medida em que considera a construção da narrativa como auxiliar poderoso em seu processo de amadurecimento. Refletindo sobre a fatura do texto, ela percebe como foi capaz de organizar e analisar suas experiências com as amigas, com a família e com um garoto especial, o que nos leva a confirmar a narrativa como de *formação*, um subgênero do *Bildungsroman*:

> É provável que o que mais me [diz Tati] ajudou a amadurecer e compreender melhor toda essa situação tenha sido o fato de ter escrito sobre tudo o que aconteceu. Tive de arrumar as idéias, pensar sobre as emoções, tentar organizar tudo. Com certeza, esse processo de escrever me ajudou muito. (p.84-5)

Por sua vez, o narrador, em *Tudo ao mesmo tempo agora*, embora posicionado fora dos eventos que relata – diferente dos demais, portanto –, apresenta voz tão rente às vozes do interior da narrativa que, muitas vezes, se confunde com elas, especialmente com as falas dos adolescentes que vivem os episódios da trama. Nesse caso, o recurso estilístico é o emprego do discurso indireto livre, como se pode observar no momento em que o narrador relata os sentimentos de Marina, a protagonista, em relação a seu irmão; na fala, o leitor não consegue identificar com clareza se a voz é da personagem (ou dele mesmo, leitor!) ou do narrador, pois uma está colada à outra:

> Ridículo aquele irmão! Não dava nem para a gente conversar a sério... Vivia encarnando no aparelho dela. Como se ele mesmo fosse alguma perfeição, algum modelo de beleza, com aquele nariz grande e aquela cara toda cheia de espinhas. Só tinha mesmo eram os dentes certinhos, sem precisar de aparelho. O maior azar, nesse ponto – Marina puxou à mãe, ele saiu ao pai. (Machado, 1999d, p.12)

No que se refere às personagens, destacamos as protagonistas, todas com idades entre quinze e dezenove anos, adolescentes, portanto. A descrição da vivência individual das personagens protagonistas, especialmente associada à fase de maturação da adolescência, corresponde à tendência mais comum das narrativas em questão. São construídas, essencialmente, pela ação, de modo que os leitores possam contribuir em sua caracterização. A elaboração de cada uma delas acontece aos poucos, à medida que atuam no mundo narrado ou se expõem aos olhos do leitor, por meio de recursos conhecidos como *fluxo de consciência, discurso indireto livre* e *monólogo interior*. Vivem em espaços essencialmente urbanos, ainda que, por vezes, em pequenas cidades; freqüentam escolas, praticam esportes, namoram, mantêm relações de amizade e adoram a convivência em grupos. São, enfim, representações dos adolescentes que conhecemos e, ao lado dessas personagens, como coadjuvantes, atuam mães, pais, professores e tios, adultos cumprindo funções nem sempre agradáveis na estrutura das intrigas.

Não se verifica, em nenhuma das narrativas em foco, como poderíamos supor, em razão da tendência tribal do adolescente, a representação de turmas de jovens como protagonistas, mas a presença de duplas ocorre em duas delas, *Uma vontade louca* e *Tudo ao mesmo tempo agora*, o que não significa que seus integrantes sejam idênticos. Marcam-se, sobretudo, pela diferença. Na primeira narrativa, os protagonistas Mariana e Jorge têm suas diferenças e suas aspirações relatadas por Marco, irmão da garota; na segunda, a dupla de protagonistas é composta por Marina e Jajá, amigos apenas e em tudo diferentes. Ambos moram no mesmo prédio, de classe média, estudam no mesmo colégio e têm os mesmos amigos, mas o garoto é filho do zelador do edifício, o que acaba provocando o conflito no mundo narrado: Jajá deverá deixar o colégio para trabalhar e ajudar no orçamento familiar.

Os garotos, Jorge, de *Uma vontade louca*, e Jajá, de *Tudo ao mesmo tempo agora*, embora não sejam os únicos protagonistas a integrar o universo do trabalho, necessitam dele até para a sobrevivência da família. O primeiro mora em uma espécie de favela, em uma casa de quarto e sala, com os pais e quatro irmãos, trabalha na lanchonete do Geraldão, mas isso não constitui um conflito, pois não lhe traz nenhum problema de relacionamento, tanto que, ao final da narrativa, sua situação não se modifica: continua estudando, lendo muito e trabalhando; para Jajá, no entanto, a situação se altera para melhor, pois ele começa a trabalhar, durante meio período, no escritório do pai de Cíntia, advogado que mora com a família no apartamento de cobertura, e pode continuar estudando com sua turma.

Mas o trabalho, ainda que de modo informal, é experiência vivida também com intensidade por garotas, especialmente Mariana, de *Uma vontade louca*, que sempre procura alguma coisa para fazer: "Não tem emprego, mas está sempre fazendo alguma coisa para descolar uma grana" (Machado, 1998, p.16). Uma das grandes conquistas de Gabi, de *Isso ninguém me tira*, é a capacidade de lutar por seus sonhos, entre eles o trabalho com suas aulas de inglês, inicialmente, motivo de problemas com a família e com o namorado:

> Fui tocando para a frente, mas nenhum deles gostava, e tinha sempre um comentário meio atravessado. Papai chegou a se oferecer para aumentar a minha mesada, para eu não precisar de dinheiro extra. Quanto mais eles insistiam, mais eu sabia que não queria parar de trabalhar, que achava ótimo ter um dinheiro que eu gastava como queria, sem ter que dar satisfação a ninguém. (Machado, 1999c, p.84)

Além de Jajá e Jorge, os leitores do sexo masculino se vêem representados nas figuras de Marcos, Bruno, Rafael e Diego, personagens não-protagonistas das narrativas; são garotos da mesma idade, com sonhos semelhantes, que estudam em colégios de classe média e média alta, jogam basquete e vôlei, surfam e namoram as garotas de suas turmas.

Sobre a construção de protagonistas do sexo masculino, parece interessante salientar os recursos utilizados na composição das personagens. Para não ficar somente com a palavra do narrador ou com a focalização interna, muitas vezes os garotos tomam forma e consistência também pelo olhar de outras personagens, o que confere às narrativas extrema mobilidade. Jajá, por exemplo, vai adquirindo contornos mais definidos pela visão de Marina que, a princípio, não o via com bons olhos: "achava meio careta esse jeito do Jajá na escola, muito calado, estudioso, um caxias. Parecia que ele sempre queria ficar bem com os professores" (ibidem, p.23). Entretanto, aos poucos, a atitude questionadora do garoto, sempre denunciando injustiças (uma espécie de Raul desenferrujado), notadamente no caso da cola em que ela se envolveu, leva a garota a ver Jajá de outra maneira, como diz à amiga:

> – Você está certa. O Jajá é superlegal e merece respeito, eu reconheço. Vou lá embaixo agradecer a ele. Isso é que se chama "um grande toque". Viu só? Você é mesmo uma amigona, Cíntia. (p.44)

Já em *Isso ninguém me tira* e *Amigo é comigo*, as protagonistas, as próprias narradoras, como vimos, Gabi e Táti, são adolescentes de classe média, cujas mães têm uma profissão fora de casa. Gabi, de *Isso ninguém me tira*, debate-se em um dilema muito comum a garotas de sua idade, que é o fato de gostar de Bruno, o jovem que a prima Dora afirma estar namorando. E mais: sua família acredita na fantasia de Dora, passando a acusar Gabi de deslealdade e Bruno de "falha de caráter". Com o desenrolar dos fatos, as relações entre os membros da família se complicam e a solução é o diálogo, que revela, até mesmo, uma inversão de papéis, no momento em que a menina percebe que a mãe está lendo sua correspondência e exige explicações sobre esse comportamento:

> Pensando bem, era uma maluquice, tudo trocado. Eu é que sou a filha. Essa história de dar bronca, ouvir explicações e exigir que não faça mais, esse ritual todo devia ser ao contrário. Papo de mãe com filha, não de filha cobrar por eu estar fazendo uma coisa escondida. Mas quem cobrou fui eu. (1999c, p.64)

O relacionamento das personagens adolescentes com os adultos, especialmente pais e professores, é um dos aspectos interessantes nas narrativas, como se pôde ver nas observações de Gabi. Via de regra, as relações se caracterizam pelo respeito, sem submissão dos mais jovens aos pontos de vista dos adultos. Tanto na escola como em casa, o embate de idéias e o diálogo são as grandes chaves para o entendimento com os mais velhos. No ambiente familiar, as relações complicadas entre irmãos, por exemplo, personagens que discutem pelo modo de vestir do outro ou em razão de famigerados aparelhos ortodônticos, podem conduzir o leitor à compreensão da situação que, com freqüência, vive, na realidade, em casa.

Assuntos escolares considerados desagradáveis pelos estudantes, como a "cola", os trabalhos em equipe e a leitura obrigatória, são tratados com naturalidade pelas personagens que discutem seus aspectos positivos e negativos. Mesmo no episódio da "cola", na prova de Inglês, Marina (*Tudo ao mesmo tempo agora*), a personagem mais prejudicada, não questiona a atitude de Miss Kate, a professora; aceita as regras impostas pela escola, embora discorde veementemente da atitude dos colegas que, a seu ver, não a defenderam. Como na vida, os adolescentes da ficção reconhecem a necessidade de normas e limites para o bom desempenho de seus papéis na sociedade.

A presença do professor, marcante na adolescência, é significativa nas narrativas em questão, especialmente, o de Língua Portuguesa, responsável tanto pelas dicas de produção do texto literário, a exemplo de Clóvis, de *Amigo é comigo*, como pelos desagradáveis trabalhos de redação e de leitura como dever escolar, caso do Veloso, de *Tudo ao mesmo tempo agora*. O professor, exigente, mostra-se empenhado em realizar atividades mais interessantes com os alunos, aproximando-os da leitura:

> O Veloso era durão, mas tinha boas idéias. Rosnava daquele jeito, mas não mordia, como dizia a Cíntia. Quer dizer, era superexigente, mas aproveitava ao máximo o que os alunos faziam, reconhecia o esforço mesmo quando o resultado não era perfeito. E não exigia que todo mundo concordasse com ele. Tudo bem, esse novo esquema [de leitura de obras] dele podia até ser bem interessante. (Machado, 1999d, p.26)

Outro aspecto marcante na construção da imagem dos adolescentes é a caracterização deles como leitores, embora a atividade de leitura nem sempre esteja vinculada à escola. A formação dos pares amorosos ou de amigos se dá sempre pelo interesse demonstrado na leitura de determinadas obras. Assim é que Mariana e Jorge, em *Uma vontade louca*, têm encontros na biblioteca, onde discutem suas idéias e dão formas às suas fantasias, elaborando, juntos, a síntese entre utopia (a crença de Mariana nos unicórnios) e realidade (a pesquisa de caráter mais racional de Jorge sobre os dinossauros). Gabi e Bruno, protagonistas de *Isso ninguém me tira*, mostram afinidades na leitura de *Dom Casmurro*, de Machado de Assis e divertem-se com os superlativos de José Dias; Jajá sedimenta sua amizade por Marina, em *Tudo ao mesmo tempo agora*, dedicando-lhe versos de *Morte e vida severina*, de João Cabral de Melo Neto; Táti e Diego, em *Amigo é comigo*, percebem suas afinidades na discussão de uma leitura comum, *A ilha do tesouro*, de Stevenson.

Ao experimentar as conturbadas relações de amizade da adolescência, Táti, a protagonista de *Amigo é comigo*, encontra na literatura, especialmente, no poema de Manuel Bandeira, "Vou-me embora pra Pasárgada", a chave para o entendimento do processo de aprendizagem por que passa. E é justamente a leitura que a leva à tentativa de organizar emoções e estruturar idéias como forma de conhecer e aceitar a si mesma e aqueles com quem convive:

> Antes eu não conseguia ver isso [que pode ter dado valor a algo que não valia tanto]. Acho que é porque agora estou crescendo, amadurecendo. E não só pelo tempo que passa. Talvez seja por causa das conversas com o Diego, que é mais velho e leu muito mais. É provável que o que mais ajudou a amadurecer e compreender melhor toda essa situação tenha sido o fato de ter escrito sobre tudo o que aconteceu. Tive de arrumar as idéias, pensar sobre as emoções, organizar tudo. Com toda certeza, esse processo de escrever me ajudou muito. (1999a, p.84-5)

Por fim, é preciso considerar a linguagem como elemento fundamental na construção das personagens, pois é com base nela que os seres ficcionais ganham coerência e podem atuar de modo emancipador na formação dos leitores. Como os narradores, protagonistas ou não, estão em estreita sintonia com as personagens que elaboram e, conseqüentemente, com os leitores pretendidos, a linguagem por eles utilizada se mostra bastante funcional, atuando de modo decisivo no processo de reconhecimento e de elaboração da auto-imagem, fundamental para os jovens receptores. O que se observa é o equilíbrio entre o registro coloquial e o formal, com reduzido emprego de gíria, e a ausência completa de registro que pudesse indicar a presença de qualquer traço de regionalismo na linguagem. O recurso da utilização de um narrador/adolescente, bastante próximo de suas criaturas, traço predominante nas obras de Ana Maria Machado, evita a diferença de "cultura entre quem narra e quem é objeto da narrativa" (Candido, 1972b, p.809), o desnível lingüístico, e traz o universo do adolescente para o centro das discussões, permitindo que o leitor dessa faixa etária se aproxime da personagem e se sinta, conforme Antonio Candido, "participante de uma humanidade que é a sua e, deste modo, pronto para incorporar à sua experiência humana mais profunda o que o escritor lhe oferece como visão da realidade" (ibidem).

Em síntese...

Concluindo: nessas narrativas, o que chama a atenção do leitor, na ênfase ao processo de construção das personagens, é o fato de que a adolescência não é vista como uma preparação para a maturidade, mas enfocada como uma etapa a mais no processo de vida, plena de significado e valor, portanto. Em outras palavras, as personagens não são construídas como ainda-não-adultos ou como já-não-mais-crianças, são portadoras de uma identidade própria e completa. É verdade também que elas se envolvem em situações que as obrigam a refletir e a reformular conceitos que possuem a respeito de si mesmas e do mundo, abandonando, progressivamente, a auto-imagem infantil e projetando, no futuro, imagens de adultos que possam vir a ser.

É com base nesse processo que a literatura, na medida em que se mostra como verdadeira experiência de autoconhecimento, pode, então, contribuir na formação do sentimento de identidade do adolescente, humanizando-o, no sentido mais amplo da palavra, mesmo que, por vezes, as experiências das personagens pareçam estar distantes daquelas vividas pelo jovem em seu ambiente real, o que não se configura, absolutamente, nas narrativas de Ana Maria Machado.

Referências bibliográficas

CANDIDO, A. *A personagem de ficção*. 3.ed. São Paulo: Perspectiva, 1972a.

______. A literatura e a formação do homem. *Ciência e cultura*, 24 (9), p.803-9, set. 1972b.

MACHADO, A. M. *O menino Pedro e seu boi voador*. São Paulo: Ática, 1979a.

______. *Raul da ferrugem azul*. Rio de Janeiro: Salamandra, Brasília: INL, 1979b.

______. *O domador de monstros*. Rio de Janeiro: EBAL, 1980.

______. *Bisa Bia, Bisa Bel*. Rio de Janeiro: Salamandra, 1982.

______. *O menino que espiava para dentro*. Rio de Janeiro: Nova Fronteira, 1984.

______. *Menina bonita do laço de fita*. São Paulo: Melhoramentos, 1986.

______. *Uma vontade louca*. São Paulo: Ática, 1998.

______. *Amigo é comigo*. São Paulo: Moderna, 1999a.

______. *Contracorrente*: conversas sobre leitura e política. São Paulo: Ática, 1999b.

______. *Isso ninguém me tira*. 6.ed. São Paulo: Ática, 1999c.

______. *Tudo ao mesmo tempo agora*. 4.ed. São Paulo: Ática, 1999d.

De sonhos, vôos e penas (um *vol d'oiseau* sobre a narrativa de Ana Maria Machado)

Vera Maria Tietzmann Silva[1]

> Sou local pelos pés.
> Pássaro universal pelo pensamento.
>
> (Cassiano Ricardo)

O ano de 2000 marcou o encerramento de um século assinalado pelo ritmo vertiginoso do progresso. Um tempo de mudanças. Foi o século dos grandes avanços científicos, o século em que o homem viu realizado, finalmente, o antigo sonho de voar. Primeiro, timidamente, elevando-se, em 1906, poucos metros acima do chão e, algumas décadas depois, indo ao espaço, e de lá voltando em segurança. Outros vôos também se tornaram possíveis. Nesse século, as distâncias encurtaram, graças à tecnologia da informática, dos transportes e dos meios de comunicação. As doenças que antes dizimavam populações in-

---

1 Professora de Literatura Infanto-Juvenil da Universidade Federal de Goiás – UFG.

teiras vêm sendo progressivamente debeladas pelo esforço dos pesquisadores, protelando a morte e prolongando a expectativa de vida dos homens. Nem todos os vôos foram felizes, porém, pois esse também foi um tempo de conflitos, ódios raciais, miséria e fome. Um século de vôos, sim, mas também um século de penas.

O mesmo ano de 2000 assinalou, igualmente, o fim do segundo milênio, um período marcado pela presença do livro. Dos papiros, placas de argila e pergaminhos, chegou-se ao papel e à tinta, à capa e às folhas, ao formato de livro tal como hoje o conhecemos. Tradicionalmente circunscrito a pequenos grupos de iniciados, o livro iniciou sua expansão nos meados do milênio, com a invenção da imprensa por Gutenberg. O sistema de caracteres móveis engendrado por esse alemão pode ser comparado ao aparelho rudimentar que, quase quinhentos anos depois, ergueu Santos Dumont do solo – a impressora e ao avião são inventos que, cada qual em seu tempo, marcaram momentos de virada na história da humanidade, constituindo-se na culminação de desejos e esforços de séculos e séculos de pesquisadores, estudiosos e sábios. O vôo propiciado pela difusão do livro, aliás, preparou e possibilitou todos os demais vôos da inteligência humana.

Com a estréia da imprensa, descortinou-se todo um mundo, até então escondido atrás das impenetráveis paredes das bibliotecas dos mosteiros, um mundo feito da tradição antiga e dos descobrimentos recentes, do pensamento filosófico e da doutrina religiosa, da realidade e da fantasia, da arte e da ciência. Ao imprimir a Bíblia, e não outro texto qualquer, Gutenberg abriu ao homem comum a possibilidade de ler e interpretar o texto sagrado por si mesmo, segundo seu próprio entendimento. Poderíamos dizer que, sem dar-se conta disso, Gutenberg inaugurou o percurso do leitor crítico na história do homem, um caminho para o qual os autores da literatura infantil e juvenil tentam atrair a criança e o jovem cada vez mais cedo, em nossos dias.

Por que fazemos essas considerações, aparentemente tão distantes da literatura infantil brasileira em geral e da obra de Ana Maria Machado, em particular? Porque a expansão da literatura destinada à criança e ao jovem só pôde acontecer em decorrência da expansão da imprensa, responsável pela democratização do acesso ao livro, processo que vem-se intensificando ao longo dos últimos séculos, e também porque o livro é uma "asa de papel" (como diz uma obra infantil de Marcelo Xavier), que permite ao leitor vôos sem fim. Além disso, o ano de 2000 também se marca, no Brasil, como o ano do reconhecimento mundial da qualidade da literatura infantil e juvenil que aqui se produz. Pela segunda vez, o conjunto da obra de um autor brasileiro foi agraciado com o Prêmio Hans Christian Andersen, o mais alto galardão concedido nessa área de produção cultural. Desde a instituição do prêmio, em 1956, apenas quatro países foram premiados mais de uma vez na modalidade de texto e nesse seleto grupo encontra-se o Brasil. Em 1982, nosso país viu premiado o conjunto da obra de Lygia Bojunga Nunes, e agora, fechando o século, aconteceu a premiação da obra de Ana Maria Machado. É sobre a narrativa dessa escritora, com cujo prêmio encerramos o século e o milênio, que nos iremos deter, numa visão panorâmica, num *vol d'oiseau*.

Ana Maria Machado é uma digna representante do final do século XX, pois retrata em sua obra as diversas faces e valores da cultura ocidental nesse momento histórico. Em *De olho nas penas*, por exemplo, discute a dominação do homem pelo seu semelhante – na ditadura, na colonização, na escravidão, situações às vezes distantes no tempo, outras nem tanto (o livro é de 1981); em *Era uma vez um tirano*, critica e expõe ao ridículo o autoritarismo de um ditador, numa clara alusão ao regime militar ainda vigente (a edição é de 1982); em *Bisa Bia, Bisa Bel*, a condição feminina é posta em questão, pelo confronto de várias gerações de mulheres de uma mesma família, num diálogo em que se intercalam vozes do presente, do passado e do futuro; em

Mandingas da Ilha Quilomba, o tema é a hipocrisia nas relações sociais, onde persiste de fato um ranço escravista, autoritário e preconceituoso que o discurso oficial nega; em *Esta casa é minha!*, sintonizando-se com as preocupações ambientalistas do final do século, constrói uma narrativa que traz à cena a preservação da flora e da fauna, sem tons didáticos ou moralistas. Ana, sem dúvida, vem testemunhando o seu tempo.

Como pessoa, da mesma forma, essa escritora representa bem o século de mudanças que a gerou. A transição da vida rural para a civilização urbana é uma das mudanças verificadas de forma aguda no século XX. Desde a infância, Ana Maria Machado dividiu-se entre o Rio de Janeiro, onde morava, e a casa de praia dos avós, no litoral do Espírito Santo, onde passava os longos meses de férias, assimilando a dupla visão do modo de viver urbano e rural, e haurindo, na alternância do tempo de escola e do tempo de férias, o saber livresco e o saber popular, como fazia Pedrinho, no Sítio do Picapau Amarelo. Essa dupla vivência pode ser encontrada em sua ficção. As aldeias de pescadores, lembrança viva desse tempo, constituem cenário de diversos livros seus, como, por exemplo, de *Do outro lado tem segredos, Esta casa é minha!, Mandingas da Ilha Quilomba* e muitos outros. Mas Ana também tem histórias ambientadas no Rio, sua cidade, revelando flagrantes das desigualdades e dos problemas dos grandes centros urbanos, como *Raul da ferrugem azul*.

A condição feminina modificou-se radicalmente no século XX. A mulher deixou a passividade, a dependência e a submissão e impôs sua presença no lar, no trabalho e na sociedade, cobrando voz e reivindicando para si o mesmo espaço ocupado pelo homem. Essa nova mulher, que pensa, trabalha, tem opiniões políticas e preza sua independência, pode ser encontrada na biografia da própria escritora e também nas histórias que tem criado.

Ana é uma mulher preparada, morou no exterior vários anos, tem formação em Artes Plásticas e em Letras, fez Doutorado na França (sua tese sobre Guimarães Rosa está publicada com o título *Recado do nome*) e tem vivência cosmopolita. Pintora e ficcionista, professora universitária e livreira, ensaísta e tradutora, escrevendo para crianças, jovens e adultos, Ana demonstra ter luz própria e isso se reflete na suas narrativas. Mesmo tendo vivido e atuado fora do país, sempre manteve, na sua vida e na sua obra, a atenção aos problemas nacionais e a postura firme de quem não é indiferente ao seu tempo.

A nova mulher e a nova estrutura familiar, que tanto mudaram a partir dos anos 60, podem ser observadas em boa parte dos grupos familiares ficcionais de seus livros, com mães que trabalham, com pais que conversam com os filhos, com casais que desfazem ou refazem uniões, com meninos que aprendem a conviver com padrastos e madrastas. A mãe de Bel, "dando uma geral" na casa bagunçada, em *Bisa Bia, Bisa Bel,* está bem longe do tradicional modelo de mãe-rainha-do-lar de tempos passados e, no recente *Beijos mágicos,* onde uma menina aprende a amar a esposa do pai, a típica madrasta desaparece, ganhando nova imagem. Também em *Bisa Bia* se pode ver o novo modelo de relacionamento entre homens e mulheres ou entre professores e alunos, uma convivência mais próxima e afetiva, sem o autoritarismo e a tirania de tempos passados.

Ao evocarmos a invenção dos aviões como marca distintiva do século XX, tínhamos também em mente uma analogia com a obra literária de Ana Maria Machado. O vôo é um dos mais antigos desejos do homem, expresso em narrativas míticas, como a história de Dédalo e Ícaro, e também registrado em escritos tão diversos como os estudos científicos de Leonardo da Vinci ou as modernas aventuras dos super-heróis, que instigam a imaginação infantil. Quase todos nós já tivemos em sonhos a sensação de estarmos voando, recordando-a, ao despertar, como uma experiência inesquecível de liberdade e de leveza. A mobilidade sem peso e sem peias, assim como a visão ampla e privilegiada, de longe e do alto, são outras características prazerosas do ato de voar.

Podemos afirmar – desde que nos mantenhamos, é claro, no terreno das metáforas – que podemos encontrar nos textos da autora todos os principais atributos do vôo: *liberdade, leveza, mobilidade* e *visão com distanciamento*. Esses atributos aparecem às vezes isolados, outras vezes conjugados, ou combinados de diversas formas e sob diversos aspectos, conforme veremos a seguir.

A *liberdade* é uma das preocupações centrais da escritora, que repetidamente cria histórias em torno do autoritarismo. A liberdade, nesses casos, aparece como negação, como carência, um bem a ser recuperado. Em geral, as tramas não apenas tematizam a liberdade cerceada, mas também introduzem um personagem capaz de ter uma *visão distanciada* da situação e de emitir um juízo crítico, que irá deflagrar uma reação e restabelecer o direito tolhido. É como se, num vôo de percepção, o protagonista pudesse abarcar, do alto e de longe, a realidade como um todo, avaliando-a criticamente. Vejamos uns poucos exemplos:

No primeiro livro publicado por Ana Maria Machado, *Bento que bento é o frade*, de 1977, a protagonista Nita se insurge contra a conhecida brincadeira infantil em que os participantes se propõem a "fazer tudo o que seu mestre mandar" (Machado, 1977a, p.9). Enquanto os companheiros aceitam o jogo sem problemas, Nita questiona a divisão de papéis e o conseqüente abuso de poder que ele permite. É a visão crítica de quem é capaz de voar e enxergar a realidade por uma perspectiva mais ampla, até mesmo estabelecendo vínculos com a realidade político-social brasileira da época, quando havia a prepotência de mestres mandando e a maioria da população obedecendo sem maiores questionamentos. O vínculo se fazia, nesse primeiro livro, via metáfora. Nos livros seguintes, ele se tornaria menos encoberto.

Em 1982, a autora torna-se mais explícita, criticando e, mesmo, ridicularizando a ditadura dos generais, em *Era uma vez um tirano*. Três crianças, cada uma de uma raça, unem-se para promover uma reação popular contra o déspota. A questão do poder e do autoritarismo expande-se para outras manifestações, que não apenas a de chefe de Estado.

Em *Mandingas da Ilha Quilomba,* a liberdade se vê restringida pelas atitudes de um menino branco e rico contra seu colega negro e pobre, filho do empregado de seu pai. Quem interfere mudando a situação de autoritarismo e preconceito entre os dois é Luana, uma menina negra, habitante de uma ilha misteriosa, que nem consta dos mapas. Em *Bisa Bia, Bisa Bel,* o tema da liberdade volta com outra nuança: trata-se da liberdade de ser e de agir que as mulheres vêm conquistando ao longo dos anos. Bel, a protagonista, reage quando a bisavó Bia quer submetê-la ao convencionalismo da tradição passada, impondo-lhe regras de comportamento de seu tempo. O distanciamento, ou o vôo crítico, então, se faz pelo contraste do tempo das gerações que separam Bia e Bel. Apesar de as situações serem bastante diferenciadas, pode-se observar que elas apresentam um padrão semelhante, relacionado metaforicamente à imagem do vôo.

Se somarmos os atributos da *liberdade* e da *mobilidade,* inerentes ao ato de voar, chegaremos ao tema da viagem, muito recorrente também na ficção da autora. Como nos contos de fadas, as viagens em Ana Maria Machado revestem-se de um valor iniciático, promovem uma transformação interna do protagonista, levam-no à emancipação, ao autoconhecimento, à maturidade – em outras palavras, à liberdade de ser e de agir. Das muitas histórias de viagens, vejamos algumas, como exemplo:

Em *Bem do seu tamanho* e em *De olho nas penas,* livros premiados da autora, uma menina e um menino, respectivamente, viajam em busca de respostas a seus conflitos internos: o incompreensível exílio e a falta do pai, no caso do menino; o verdadeiro tamanho que tem, no caso da menina. Ele viaja no sonho; ela, na vigília; e ambos vivem aventuras onde a realidade e a fantasia convivem e se completam. Na magia da noite, o menino efetivamente voa, com o misterioso amigo que o guia e lhe faz ver realidades além do tempo e dos limites de seu mundo. A menina, viajando de dia, também encontra companheiros que a ajudam a entender os mistérios do tamanho.

Em muitas histórias, os protagonistas são animais e também para eles a viagem traz uma modificação significativa. *Beto, o carneiro*, aborrecido com a monotonia de sua vida, dizendo-se "cansado de fazer tudo o que seu mestre mandava" (1993a, p.5), decide fugir e ser outra coisa. Depois de ser nuvem no céu e espuma no mar, resolve ser carneiro mesmo, mas um carneiro com liberdade de idéias e de vontades. Como a Emília de Lobato, em *A reforma da natureza*, Beto experimenta a liberdade de alterar a ordem natural estabelecida (no seu caso, de ser carneiro), mesmo que seja para depois aceitá-la. No percurso, porém, não ficou na passividade e ganhou, pela ousadia, em experiência.

Jeca, o tatu vence as barreiras da baixa auto-estima e conquista reconhecimento social, quando ousa viajar até a cidade grande, de onde volta cheio de histórias para contar. *Currupaco papaco*, um dos primeiros contos publicados pela autora nos anos 70 e agora republicado em *O boto e a estrela e outras histórias*, narra a aventura do papagaio da venda de seu Manoel, "que não achava graça nenhuma de ficar empoleirado o tempo todo, de corrente no pé ... sem poder nem dar uma voadinha de vez em quando" (1977b, p.6). Um dia foge e realiza o sonho de viajar pelos quatro cantos do mundo, livre, no alto do mastro de um grande navio. E tem um final feliz, vivendo num barco pequeno, que faz apenas viagens curtas por lugares quentes, com uma família simpática e – o que é mais importante – sem correntes no pé. Alargar os horizontes, ter mobilidade e aumentar o acervo da experiência e da memória são determinantes para uma vida significativa desses personagens.

A *leveza*, própria do vôo, pode ser reconhecida nas narrativas de Ana Maria Machado sob diversas modalidades. Uma é a adoção, por parte do narrador, da perspectiva da mente infantil, ainda não dominada pelo peso do pensamento lógico. Livre e solta, sem limites ou amarras, a imaginação da criança se deixa levar ao sabor das lembranças e das associações de idéias, criando novos mundos. Como nos sonhos ou nos devaneios, a mente infantil aceita com naturalidade a fantasia, o faz-de-conta. Assim, filtrando a realidade pela ótica do menino Pedro, o leitor também não vê nada de estranho no novo amigo do protagonista, um boi voador, que faz uma entrada teatral em sua casa, bem na hora do almoço:

> E ele entrou voando, leve e lindo, brilhando e reluzindo. Um maravilhoso Boi Voador, Boi-Bumbá em todo o seu esplendor. Negro como a noite mais profunda e cheio de estrelas, flores e brilhos de beleza. E enquanto ele voava, as franjas coloridas de seu manto dançavam com o vento. E tudo em volta aparecia nele por um momento. E os espelhinhos de sua garupa estrelada faziam uma festa de gala, refletiam cada pessoa e cada coisa da sala. E cada um, brotando no brilho antigo, voava uma voltinha com o boi manso e amigo. (Machado, 1979a, p.28)

Com a magia do vôo, o amigo inventado concretiza-se, torna-se real aos olhos da família de Pedro e possibilita a todos – pais, avós e irmãos do menino – realizarem o antigo sonho de voar. *Vira-vira* (1992), *Lugar nenhum* (1987), *O domador de monstros* (1980) e *Severino faz chover* (1977) são outros exemplos de histórias que mostram a leveza do pensamento infantil vencendo o peso e as limitações da realidade com o vôo da fantasia.

Ainda seguindo a perspectiva infantil, a autora aposta na leveza da linguagem e vale-se amplamente dos recursos sonoros da língua, como o fragmento transcrito de *O menino Pedro e seu boi voador* comprova. O recurso ao eco, à aliteração, à rima ou à onomatopéia é prática que caracteriza o seu estilo narrativo e, por vezes, já se anuncia desde o título de seus livros, como se observa, por exemplo, em *O gato do mato e o cachorro do morro*, *Bisa Bia, Bisa Bel*, *Currupaco papaco*, *Raul da ferrugem azul* e *O distraído sabido*. Essas brincadeiras com o significante são muito apreciadas pelas crianças, que estão descobrindo a língua e são capazes de fruir seus aspectos mais exteriores, antes de se preocuparem em conhecer seus possíveis significados. Um livro que leva ao extremo o ludismo dos significantes das palavras é *Um avião e uma viola*, de 1982, que apresenta uma sucessão de pares disparatados de imagens, cuja única ligação está na sonoridade:

> Um malabarista e uma labareda.
> Um alambique e uma lambisgóia.
> Um matagal e uma tagarela.
> Um aparelho de cobre e uma parelha de cobras. (Machado, 1982c, p.4-11)

A brincadeira com as palavras é preocupação de diversos personagens de Ana Maria Machado. *Palavras, palavrinhas, palavrões*, de 1981, gira em torno da perplexidade da menina que tenta entender por que algumas palavras (às vezes bem curtinhas) são consideradas palavrões, enquanto outras, longas e esquisitíssimas, parecem não ser:

> A menina ficava ouvindo aquilo tudo sem entender direito. Como é que podia haver palavrão cabeludo? E ela ficava imaginando então palavrões enormes, maiores que uma baleia, mais compridos que um trem, e bem carecas. Palavras bigodudas. Palavrinhas barbudas.
>
> E aquelas coisas que o avô tinha dito: VOCABULÁRIO ABOMINÁVEL... Que tipo de palavrões seriam esses? Cabeludos? Louros? Cacheados? Ela nem conseguia repetir direito, quanto mais imaginar a cara deles... e aquele tal de PROVIDÊNCIAS? (Machado, 1981b, p.6)

Por assumir a perspectiva infantil, optar por um registro mais coloquial da linguagem e manter um tom leve, em *Palavras, palavrinhas, palavrões* a autora consegue criar um texto que trabalha a propriedade do uso da linguagem sem cair no didatismo ou no moralismo.

A fascinação pelas palavras e a possibilidade de multiplicá-las ao infinito provavelmente tem suas raízes nas leituras de infância da autora, confessadamente uma fã da obra de Monteiro Lobato. Aliás, aqui e ali se descobrem alusões às aventuras da turma do Sítio, e alguns de seus personagens são bastante "emilianos". É o caso da protagonista do livro recém-comentado, uma "botadeira" de nomes como Emília, que pretende chamar sua nova irmãzinha de Cusfosfós... Também Flávia, a espevitada companheira de viagem de Helena, em *Bem do seu tamanho,* gosta de brincar com as palavras. Ela diz a Helena, ao lhe explicar por que gosta de "inventar modas":

> Ah, isso é justamente uma das modas que invento. Inventar que as palavras são brinquedos, que a gente pode pegar, revirar, olhar de um lado ou de outro, ver se uma cabe dentro da outra, essas coisas. Sei lá, ver que **cara** e **vela** cabem dentro de **caravela**. Ou que dentro de **brincadeira** tem **brinca** e **cadeira** e pode até ter uma **cadeira de brim**. (Machado, 1980b, p.24-5, grifos nossos)

Ao leitor de Lobato, logo vêm à memória as cenas de *Emília no país da gramática,* quando a boneca experimenta formar palavras novas a partir de radicais, prefixos e sufixos guardados em caixinhas.

Ana Maria Machado consegue manter a leveza de seus textos mesmo quando trabalha temas pesados por sua natureza, como o exílio, a ausência do pai, a separação de casais, o autoritarismo de um governante tirano; e consegue mantê-la, igualmente, quando sua formação acadêmica aflora e ela recorre às intertextualizações ou à metalinguagem, artifícios bastante recorrentes na literatura para adultos.

A intertextualização consiste na superposição de dois textos: sob o texto novo em poder do leitor esconde-se outro, anterior e bem conhecido, que se deixa entrever, e que estabelece uma espécie de diálogo com o mais recente. Desse diálogo resulta um reforço, ou uma ironia, ou uma dimensão mais universalizante e profunda. Pode-se dizer que um texto construído com esse artifício torna-se interativo, pois, para cumprir seu propósito, precisa de um leitor competente e atento, que descubra o que o narrador apenas insinua. Por requerer conhecimento prévio e mente alerta, as intertextualizações são mais utilizadas em textos destinados ao público leitor adulto. Ana Maria Machado, porém, tomando referências que supõe já fazerem parte da bagagem cultural do jovem leitor, introduz esse recurso em várias de suas histórias, sem nunca parecer pedante ou didática.

A maior parte das intertextualizações são feitas por meio de alusões a histórias de fadas ou a textos de autores bem conhecidos da literatura infantil. *História meio ao contrário*, de 1978, por exemplo, começa e termina invertendo as típicas fórmulas de abertura e fechamento desses contos folclóricos. Inicia com: "... E então eles se casaram, tiveram uma filha linda como um raio de sol e viveram felizes para sempre..." (Machado, 1978, p.4) e termina dizendo: "E o príncipe? Era uma vez..." (p.40) O artifício, à primeira vista apenas lúdico, reforça o teor crítico, sempre presente nas narrativas da escritora.

A estrutura das histórias de fadas é retomada, sem inversões, na história de Helena, a heroína de *Bem do seu tamanho*, que sai de casa em busca das respostas que a ajudem a entender seu verdadeiro tamanho. O texto é todo pontuado com alusões a muitos contos de fadas. As recomendações que os pais fazem a Helena e a seu boi de mamão na despedida mostram bem isso e introduzem uma nota de humor ao texto:

> A mãe disse assim:
>
> – Cuidado com a floresta, que o lobo mau anda solto por aí...
>
> E o pai completou:
>
> – E se vocês encontrarem alguma velhinha precisando de ajuda para carregar lenha ou apanhar alguma coisa num lugar que ela não alcança...

> – Ou um anão com a barba presa numa árvore... lembrou a mãe.
>
> – ... tratem de ajudar, porque pode ser uma fada ou um gênio disfarçado.
>
> A mãe foi se animando:
>
> – É... e eles podem dar alguma coisa mágica a vocês, ou escolher um de vocês para afilhado, ou satisfazer três pedidos. (Machado, 1980b, p.14)

Em *O menino Pedro e seu boi voador*, as alusões voltam-se para clássicos infantis, como a obra de Monteiro Lobato; a história de Peter Pan, de James Barrie; a série da *Vaca voadora*, de Edy Lima. O leitor que conhece essas histórias deleita-se com sua lembrança e aprecia duplamente o texto de Ana: por ele mesmo e pelo outro, que é evocado.

Afastando-se do terreno da literatura infantil, mas mantendo-se dentro dos conhecimentos gerais que imagina que seu jovem leitor possa ter, a autora intertextualiza um episódio da Bíblia, no desfecho de *O barbeiro e o coronel*, uma das muitas histórias de origem popular com estrutura cumulativa. Esse texto trabalha a questão do abuso do poder, tema tão caro à escritora, e mostra a arbitrariedade de um coronel caboclo ao impor uma tarefa impossível a seu barbeiro, a de adivinhar o número de fios de cabelo que tem. Na data marcada, o barbeiro escapa do castigo pela esperteza de raspar a cabeça do coronel antes de dar a resposta. O narrador remata a história aludindo de forma quase imperceptível a Sansão:

> Os capangas foram embora e o coronel foi atrás.
> Saíram por ali afora, não voltaram nunca mais.
> O cabelo voltou é claro – o que tem raiz
> Nasce de novo. Mas nunca mais voltou
> A força para o coronel mandar no povo. (Machado, 1980d, p.?)

Editado no mesmo ano, *A grande aventura de Maria Fumaça* trabalha metaforicamente uma questão social, que é a da marginalização dos improdutivos, como os velhos, os debilitados, os incapazes. Ana dá um final feliz à velha locomotiva, ao vagãozinho de carvão e ao vagão boiadeiro, marginalizados pelo progresso. A narrativa é toda rimada e o ritmo das frases imita o dos trens de antigamente, num jogo onomatopéico muito ao gosto infantil. Há um momento até em que o leitor reconhece o "Trem de ferro", de Manuel Bandeira, sutilmente encaixado no discurso da autora. Confira:

> Zé Pretinho se animava
> Isto, corre, Maria Fumaça!
> E vá vendo tudo que passa!
> Passa monte, passa casa, passa ponte,
> Passa estrada, passa boi, passa boiada. (Machado, 1980, p.28)

> Foge bicho
> Foge povo
> Passa ponte
> Passa poste
> Passa pasto
> Passa boi
> Passa boiada.
> (Bandeira, 1935)

Quem conhece esse poema de *Estrela da manhã* reconhece a cadência gostosa dos versos de Bandeira. Quem não o conhece ainda frui a narrativa rimada e ritmada de Ana Maria, que corre leve pelos trilhos, rumo a um final feliz.

Com mais de cem títulos publicados e mais de seis milhões de exemplares vendidos, Ana Maria Machado coloca-se entre os autores mais lidos e prestigiados da literarura infantil brasileira. Uma rápida visão por uma pequena parte de sua obra é o bastante para comprovar o seu valor e dar a todos nós a certeza de que o Prêmio Hans Christian Andersen foi amplamente merecido e de que as crianças e os jovens leitores brasileiros são privilegiados em terem uma tal escritora proporcionando-lhes prazerosos vôos de imaginação.

Referências bibliográficas

BANDEIRA, M. Trem de ferro. In: ______. *Estrela da manhã*, 1935.
MACHADO, A. M. *Bento que bento é o frade*. São Paulo: Abril, 1977a.
______. *Currupaco papaco*. São Paulo: Abril, 1977b.
______. *Severino faz chover*. São Paulo: Abril, 1977c.
______. *História meio ao contrário*. Belo Horizonte: Comunicação, 1978.
______. *O menino Pedro e seu boi voador*. Rio de Janeiro: Paz e Terra, 1979a.
______. *Raul da ferrugem azul*. Rio de Janeiro: Salamandra, 1979b.
______. *A grande aventura de Maria Fumaça*. Rio de Janeiro: Rocco, 1980a.
______. *Bem do seu tamanho*. Rio de Janeiro: Salamandra, 1980b.
______. *Do outro lado tem segredos*. Rio de Janeiro: Paz e Terra, 1980c.
______. *O barbeiro e o coronel*. Rio de Janeiro: EBAL, 1980d.
______. *O domador de monstros*. Rio de Janeiro: EBAL, 1980e.
______. *O gato do mato e o cachorro do morro*. São Paulo: Ática, 1980f.
______. *De olho nas penas*. Rio de Janeiro: Salamandra, 1981a.
______. *Palavras, palavrinhas, palavrões*. Rio de Janeiro: Codecri, 1981b.
______. *Bisa Bia, Bisa Bel*. Rio de Janeiro: Salamandra, 1982a.
______. *Era uma vez um tirano*. Rio de Janeiro: Salamandra, 1982b.
______. *Um avião e uma viola*. São Paulo: Melhoramentos, 1982c.
______. *Mandingas da Ilha Quilomba*. Rio de Janeiro: Salamandra, 1983.
______. *Lugar nenhum*. São Paulo: Globo, 1987.
______. *Recado do nome*. São Paulo: Martins Fontes, 1991.
______. *Vira-vira*. São Paulo: Quinteto Editorial, 1992.
______. *Beto, o carneiro*. Rio de Janeiro: Salamandra, 1993a.
______. *Jeca, o tatu*. Rio de Janeiro: Salamandra, 1993b.
______. *Beijos mágicos*. São Paulo: Ática, 1998a.
______. *Esta casa é minha!* São Paulo: Moderna, 1998b.
______. *O distraído sabido*. Rio de Janeiro: Salamandra, 1999.
______. *O boto e a estrela e outras histórias*. São Paulo: Letras & Letras, 2000.

(Re)criando e (com)partilhando a palavra: considerações sobre a linguagem de Ana Maria Machado

Maria Teresa Gonçalves Pereira[1]

Ana Maria Machado: a motivação depois de Lobato

Durante a realização do Doutorado em Língua Portuguesa, vi-me mergulhada em dúvidas por ocasião da escolha do tema para a tese. Pretendia, entretanto, continuar na mesma linha da dissertação de Mestrado, que tratava da linguagem de Monteiro Lobato. Encantei-me descobrindo – num estudo mais detalhado e profundo – o que já intuíra desde os primeiros contatos com a obra do criador, aos oito anos de idade: a magia, a ludicidade e, principalmente, a linguagem brasileira, o que me proporcionou tanto *saber e prazer*.

A idéia era dedicar-me a um autor, dentro da vertente considerada literatura infanto-juvenil, cuja obra se aproximasse do

1 Professora de Língua Portuguesa da Universidade Estadual do Rio de Janeiro – UERJ.

gênio fundador. Ana Maria Machado, então, revelou-se um porto seguro.

Filha dileta, embora dotada de estilo personalíssimo, Ana segue a tradição lobatiana de escrever histórias que seduzem, vazadas numa linguagem saborosa sem deixar de mostrar a preocupação com as mazelas do seu país e com as dores do mundo.

Passados tantos anos da elaboração da tese, os livros que continua a publicar ratificam a escolha, não deixando de me surpreender pela crescente qualidade literária aliada à instigante maneira de "ver" o mundo e as pessoas.

Esta coletânea de dez estudos é, certamente, um exemplo dos múltiplos olhares sobre língua e literatura que permite a obra de Ana Maria Machado: enfoques surpreendentes e relações inusitadas junto a percepções esperadas, mas nunca materializadas.

Em *Texturas* (2001, p.194), Ana Maria escreve: "Por que escrevo? Porque a linguagem me fascina, me encanta, me intriga. Porque desde criança sempre adorei navegar nos mares das histórias – ouvindo, lendo, inventando. Porque a leitura é para mim um deslumbramento e a escrita é o outro lado das moedas desse tesouro."

Somos fascinados pelo que escrevem os autores, e navegamos em suas histórias, procurando captar, para lhes fazer jus, características marcantes de expressão e conteúdo, responsáveis pelo deslumbramento e pela magia que envolvem o leitor de qualquer idade definitivamente seduzido ao percorrer as páginas de seus livros.

Compõe-se, assim, um mosaico de possibilidades a partir de obra tão rica em temas e formas, sempre preocupada com o respeito pela inteligência do leitor de todas as idades, revelando-se, nos artigos desta coletânea, leitores atentos que tentam "completar o processo da escrita, estabelecendo pontes..., vínculos entre consciências", como ela própria observa em *Essa força estranha* (Machado, 1996, p.66).

Ao final de *Bisa Bia, Bisa Bel*, livro que trata de maneira sensível das relações entre as gerações, escreve: "Olhando para trás e andando para a frente, tropeçando de vez em quando, inventando moda... Eu, Bel, uma trança de gente..." (2000, p.62). Incluo-me, juntamente com os demais autores aqui representados, na *trança de gente* que "leu" Ana com outros olhos, percebendo fatos instigantes que permitem leituras diferenciadas, contribuindo para o (re)conhecimento de seu caleidoscópico universo ficcional.

"Bisa Bia mora comigo." Parodiando a autora, é possível concluir: Ana Maria Machado mora conosco, eternizada pela excelência da sua palavra, plena da humanidade que a caracteriza. O mestre Lobato, temos certeza, ratificaria.

A relevância do texto de qualidade

A linguagem em Ana Maria Machado efetivamente resgata para a narrativa contemporânea brasileira o prazer de uma relação textual sem contorcionismos inúteis de estrutura, ou proliferação de diálogos vazados num vocabulário rebuscado. A leitura flui, envolvendo o leitor com um registro literário isento de hermetismos, atestando, porém, o domínio da Língua Portuguesa em nível de excelência.

Para aqueles que ainda insistem em considerar a literatura infanto-juvenil um gênero menor em que preocupações literárias não caberiam, recorremos às palavras da autora:

> Literatura infantil não é aquela que se destina exclusivamente a ser lida pelas crianças, mas sim aquela que pode ser lida também pelas crianças. Mas que, e isso nos parece óbvio, antes de mais nada deve ser literatura, e, como tal, capaz de ser fruída e apreciada pelos leitores em geral. (Machado apud. Bastos, 1995, p.57)

A discussão estabelecida sobre os limites entre o infantil e o não-infantil está longe de se encerrar, o que nos parece saudável, levando-se em conta a variedade e a qualidade dos pontos de vista. Da polêmica, fica-nos a certeza de que à criança devem ser oferecidos textos de qualidade em se tratando de conteúdo e forma, resultando daí a relevância do talento do produtor do texto. O contato desde cedo com tais obras proporciona-lhe reais condições de se tornar um adulto mais crítico, favorecendo-se com os benefícios trazidos pela intimidade com os livros.

Sobre a "nova" (velha) linguagem

No que diz respeito à linguagem, observamos um trabalho extremamente cuidadoso e sério na obra de Ana Maria Machado. Assim como Monteiro Lobato, há a preocupação de desliteratizar a literatura infantil, dando ao discurso um registro coloquial, sem empobrecê-lo ou barateá-lo, mas tornando-o acessível. O texto reflete a expressão da linguagem de seus leitores (crianças e adultos), manipulada com eficiência e criatividade.

Os personagens de Ana Maria Machado são, muitas vezes, atraídos pela linguagem no que possa apresentar de lúdico ou poético, o que explica o aparecimento do trocadilho, da paródia, do *nonsense* nas histórias. Esses recursos propiciam uma auto-referência do código que, desnudando-se a si mesmo, discute o provisório da significação e, conseqüentemente, a sua incessante procura, que só ao homem diz respeito. Os fenômenos tanto da polissemia quanto da homonímia ajudam-nos a perceber tal procedimento, sendo bastante significativos em sua obra.

A criatividade não se manifesta apenas nos recursos disponibilizados pela língua aos seus usuários, mas na forma de trabalhá-los, combiná-los e reaproveitá-los, criando um "sistema" eficiente e personalíssimo.

A língua só realmente cumpre sua função se atinge o maior número de pessoas que apreendam sem ambigüidades as mensagens concatenadas; em suma, se for instrumento eficaz de comunicação. Este é o objetivo primeiro, fundamental, podendo tornar-se, também, expressiva, esteticamente apreciada, proporcionando sensações de genuíno prazer àquele que escuta ou lê. Em Ana Maria Machado, as duas vertentes se equilibram e caminham juntas.

Detemo-nos nos textos escritos da obra considerada infanto-juvenil de Ana Maria Machado. Seu discurso, de reconhecida qualidade literária pelo tratamento dispensado à palavra, se sustenta por um arcabouço lingüístico, criativo e instigante, embora assentado sobre as bases tradicionais da língua materna. O resultado torna-se instigante, em razão do tratamento do material lingüístico, na justa medida para que efeitos de sentido, aliciadores no momento da leitura, garantam a cumplicidade do leitor. Não há armadilhas. As intenções são claras e transparentes, sobretudo porque se respeita a índole da língua, mesmo com inovações ou transgressões.

No âmbito da linguagem, a escritora atua nos planos fônico, morfossintático e léxico-semântico, lançando mão dos recursos possíveis que a língua coloca a seu dispor, trabalhando a palavra como artesã experiente, enriquecendo o discurso e oxigenando o código utilizado. Nada mais oportuno, então, para se travar contato com a língua do que um texto pleno de possibilidades em que se verifica o domínio das estruturas do próprio idioma, deflagrando a expressividade que encanta, pela sutileza, leitores de todas as idades, sem perder de vista a simplicidade, a clareza e a objetividade, fatores indispensáveis à compreensão imediata, sem quaisquer firulas lingüísticas.

Ana Maria Machado busca uma renovação idiomática constante, dinamizando a língua, explorando-lhe ao máximo as potencialidades, as suas diversas realizações, não se prendendo ao convencional, mesmo quando dele precisa para reavaliá-lo, reaproveitá-lo ou recriá-lo. Naturalmente, sem preocupações impactantes ou retóricas, formula um "sistema" peculiar, servindo-se do significante para chegar ao significado e efetuando as combinações em vários níveis. Uma leitura superficial não detecta os detalhes, apenas nos faz perceber que há novidades em se tratando da linguagem. Somente com argúcia e atenção entendemos a alquimia realizada. Os elementos da "mistura" nem sempre se revelam nobres, efetivando-se a transformação porque a artífice conhece bem o seu ofício, conferindolhe a operacionalização necessária para o texto se iluminar como o ouro da transmutação no resultado final.

Há o que chamaríamos de "coloquial elaborado" na linguagem de Ana Maria Machado, entendendo-se com isso o tom do registro coloquial, do cotidiano, da conversa entre amigos, sustentado, entretanto, por sólido conhecimento lingüístico, partindo de situações que permitam a manipulação de usos e processos para produzirem os sentidos através de doses balanceadas e combinadas harmonicamente.

O texto – aparentemente vazado em linguagem simples – se mostrará um *corpus* fascinante para os que, além do prazer garantido, buscarem a (re)criação artística traduzida em signos verbais.

A elaboração mencionada não se dá por meio de construções preciosas que mascaram a compreensão das idéias, nem do vocabulário erudito que confere hermetismo ao texto, dificultando o entendimento e trazendo obstáculos à leitura. Podem até ter lugar, em determinadas passagens, encaixando-se adequadamente no contexto. Há sempre, todavia, uma habilidade natural em encontrar soluções para unir contrários aparentemente irreconciliáveis, mantendo a coerência de propostas que se observa em toda a obra.

Ana Maria Machado ratifica o que tentamos demonstrar:

> O uso liberatório da linguagem é colocá-la a serviço da transparência. Literariamente, a linguagem pode ter vários sentidos, para que o leitor invente seus próprios significados. Mas gosto de usá-la sempre de forma transparente. Não para ocultar e velar, mas para revelar. Em momento algum, no entanto, eu acho que a linguagem deva ser simplificada. Em meus livros, não há condescendência, tatibitate nem barateamento da linguagem. Não há um

pronome fora do lugar, a regência e a concordância são rigorosas. As rupturas são intencionais, têm uma função estilística. Acho essencial dominar a gramática para domá-la e partir para uma linguagem *nova*. (Machado apud. Bastos, 1995, p.50)

Depreendemos, então, a necessidade de estabelecer a diferença entre simples e simplificado, equivalente a reduzido, banalizado, refletida na concepção de um texto que se fundamenta em um código na plenitude de seu potencial, sob manifestações fonológicas, morfossintáticas e léxico-semânticas, num permanente ludismo verbal, respeitando a sensibilidade do leitor de qualquer idade.

As referências às ocorrências lingüísticas não devem ser abstratamente tratadas. Torna-se imprescindível que as concretizemos, selecionando-as no riquíssimo *corpus* da autora, lembrando apenas que o contexto confere ao fato lingüístico uma dimensão significativa que o exemplo isolado jamais alcançará. A intenção é mostrar a variedade de recursos de que se utiliza, resgatando o imenso prazer do contato com a Língua Portuguesa, suas infinitas possibilidades de comunicação e expressão na vivência da gramática em torneios verbais que encantam e seduzem. Segundo Ana Maria Machado:

> Em suma, trata-se de buscar uma linguagem brasileira e acessível, oralizante quando for o caso, mas ao mesmo tempo correta e exata, sem barateamento nem empobrecimento, sem medo de recorrer ao inesgotável manancial léxico e sintático que nos deixaram os autores portugueses e brasileiros de tantos séculos de uma riquíssima literatura. Um grande desafio consciente. (1996, p.55)

Os usos lingüísticos: a concretização funcional e estética

A palavra, por meio da sua ressonância geral, repercute uma tonalidade afetiva. Charles Bally assim o ratifica:

> Não há dúvida de que na matéria fônica se escondem possibilidades expressivas. Deve-se entender como tal tudo que produza sensações musculares e acústicas: sons articulados e suas combinações, jogos de timbres vocálicos, melodia, intensidade, duração dos sons, repetição, assonâncias e aliterações, silêncios, etc. (1941, p.101)

Maurice Grammont (1975) e Henri Morier (1975), autores que se dedicam ao exame da expressividade dos elementos sonoros, salientam entretanto que, apesar dos fonemas apresentarem potencial expressivo, o valor latente só é posto em relevo pela significação. Morier (1975) diz que o sentido serve de filtro, recusando os valores fonéticos sem relação com os elementos do significado.

Examinemos, então, alguns dos recursos fono-expressivos utilizados por Ana Maria Machado na criação dos seus textos, tendo em vista o aspecto lúdico da linguagem.

> – Então inventou um nome que servia para qualquer um. Servia mesmo para qualquer coisa. Era *cusfosfós*. Nome gostoso de dizer, dava uma espécie de cosquinha dentro da boca. (1982c, p.5)

> – Esse é meu outro irmão, *procotó*.
> Passa os dias para lá e pra cá, *procotó, procotó*, montado a cavalo e azulando o mundo. Vai sempre para adiante, não pára um instante. (1985c, p.34)

> Falou alguma coisa que o neto não entendeu bem. *Aruanda? Luanda? Angola?* Esquisito... Tu anda agora ?... É... Devia ser isso. (1985c, p.20)

> O *zzzzzzz* da serra. O *pam-pam-pam* dos pregos e martelos. O *roque-roque* do serrote. O *splash-splash* da pazinha misturando cimento. (1985b, p.48)

> Vocês repararam no jeitão do chamado? Não é um jeito comprido de chamar, é bem curtinho. Não é *Bolããããão*! Nem *Heleeeena*! (1985a, p.38)

Colocamos sob a mesma égide – lexical – ocorrências com as palavras, utilizando recursos de ordem morfológica, lexical propriamente dita e semântica.

Numa das várias maneiras de se dividir o campo da lingüística, a lexicologia apresenta uma subdivisão morfológica e outra semântica, tratando não só das palavras, mas também dos seus componentes.

Ernesto Carneiro Ribeiro nos oferece uma idéia bastante completa do que podem as palavras: "Os vocábulos substituem-se em seus sentidos, irradiam uns para os outros, encadeiam-se, penetram-se, usurpam os sentidos uns dos outros, auxiliam-se, irmanam-se, fundem-se e confundem-se, às vezes, na variedade de suas significações..." (1955, p.243).

Torna-se evidente que, ao explorar as estruturas léxicas em que as palavras se inserem, deve-se cuidar igualmente das estruturas semânticas em que adquirem sentido.

Assim, observaremos as ocorrências léxico-semânticas em Ana Maria Machado.[2]

> Ou na dos avós, bisavós, tataravós ou *requetatataravós* – se alguém conseguir dizer isso e se lembrar de todas essas pessoas. (1982b, p.4)

> Ela não conhecia o congelado, enlatado, desidratado, ensacado, *emplasticado*... (2000, p.25)

> E antes que passasse o susto do Tirano, no meio de todo aquele *vermelho-laranja-amarelo-verde-azul-anil-violeta*, Jacira foi tirando o uniforme cinzento, igual ao de todo o mundo. (1982a, p.20)

> uma *unicórnia* tinha feito ninho lá dentro e tranqüilamente amamentava seus filhotes. (1983, p.21)

> – *Criado-mudo?*... Para que é que precisava de um coitado de um mudo para guardar penicos? (2000, p.24)

---

2 Os grifos nos textos citados a seguir são meus.

> Nem a Marcela, aquela pastel, aquela *goiabona* esperando lá fora... (ibidem, p.25)

Não podemos deixar de enfatizar os jogos verbais que ensejam trocadilhos. São particularmente produtivos e altamente criativos.

> Mas como ele sempre vinha com calma, sem pressa, e Lucas queria que ele andasse mais rápido, reclamava.
>
> – Tá lento, tá lento...
>
> O amigo achava graça e continuava. Devagar e sempre. Um dia, achou graça no nome e corrigiu.
>
> – *Tá lento*, não. *Tá manco.*
>
> E Lucas ficou sem saber o que era. Talvez o amigo estivesse explicando que andava devagar porque não ia lá muito bem das pernas, mancava ou tinha pouca firmeza. Ou era porque gostava de usar tamanco ou chinelo. Talvez o amigo estivesse brincando com ele, Lucas, que às vezes bem que se sentia manco, com esse negócio de viver pisando com um pé no mundo lá de fora e outro no lá de dentro. Ou, então, também podia ser que o garoto estivesse explicando que o nome dele não era *Talento*, era *Tamanco*. De qualquer jeito, Lucas acabou passando a chamar o amigo de Tatá. (1983, p.10-1)

A manipulação das palavras para fins de efeitos expressivos de significados encontra em Ana Maria Machado manifestações de várias ordens:

São decodificações:

> líquido não tem forma, é um *maria-vai-com-as-outras*, acaba sempre ficando da forma do lugar em que está. (1985b, p.15)

> chafariz que acendia colorido de noite. *Parecia um balão d'água bem aceso no chão.* (2000, p.8)

> – Mapa? Que que é isso?
>
> – *São uns desenhos que mostram o jeitão da terra e do mar...* (1985c, p.38)

São caracterizações:

> Paloma tinha um ar distraído demais, desse jeito, que a gente logo desconfia que é um distraído de propósito, para fingir... (1986a, p.32)

> numa engenhoca fantástica que estão desenvolvendo, uma espécie de aparelho mágico, máquina mirabolante, instrumento maravilhoso, algo assim. (ibidem, p.10)

São comparações:

> um par de borboletas que tinham as asas azuis por cima e castanhas por baixo, e quando elas voavam às vezes se via um lado, às vezes o outro, *parecia que elas estavam piscando, duas manchinhas de céu que apareciam e desapareciam, feito vaga-lumes de dia, estrelas ao contrário.* (1984c, p.24)

> o mar de água clara se espreguiçava. *Como se também estivesse acabado de acordar.* (ibidem, p.6)

São gradações:

> Mas não foi chuva miúda, foi para valer, de verdade. Foi mesmo um deus-nos-acuda, uma imensa tempestade, de granizo, raio, vendaval, com aguaceiro e temporal, chuva de muito trovão que virou inundação. (1985d, p.14)

Ana Maria Machado concorda com Monteiro Lobato em que o faz-de-conta é um dado da realidade tão concreto quanto outros aspectos mais tangíveis. Não se isolam a fantasia e o real; pelo contrário, convivem harmoniosamente.

Associa esses dois aspectos com uma lógica inerente ao próprio texto, mantendo sempre o (re)conhecimento da coerência.

> Eu guardei ela grudada na minha pele, junto ao meu coração, muito bem guardada, no melhor lugar que tinha. E ela gostou tanto – sabe, mãe? – que vai ficar aí para sempre, só que pelo lado de dentro, já imaginou? Também, era fácil, porque eu tinha corrido e estava suando muito, o retrato dela ficou molhado, colou em mim. Igualzinha a uma tatuagem. Ela ficou pintada na minha pele. Mas não dá para ninguém mais ver. Feito uma tatuagem transparente ou invisível. (2000, p.20)

Definimos a linguagem poética como a linguagem centrada sobre a mensagem, sobre a função poética, correspondendo à sua elaboração com um fim em si mesmo, segundo Jakobson (1970). Na literatura não existe contexto exterior à própria obra. A situação é criada pela própria linguagem, com leis distintas das do mundo "real", oferecendo sempre um conflito ao leitor, que tem de decodificá-lo através de sua linguagem referencial. Advém daí a radical ambigüidade da mensagem poética, o que justifica a diversidade de interpretações de uma obra.

Assim, a língua transcende a sua função primeira de meio de comunicação, por ser ela mesma o objeto essencial da atividade, servindo de matéria-prima para a obra de arte. Na atividade poética são exploradas as potencialidades expressivas da linguagem em geral e da língua específica quanto ao material sonoro, às palavras, à associação de idéias, às construções frasais, às figuras, entre outros recursos.

Sem deixar as marcas registradas de seu estilo – despojamento, clareza e objetividade – Ana Maria Machado trabalha a face poética da linguagem, revelando rara sensibilidade.

> – Pastor de cabras?
> – Não
> – De quê?
> – De lembranças. (1984b, p.26)

> Era só um pedaço de cristal que a avó tinha dado para ela, um vidro com todas as cores dormindo dentro dele. Mas quando o sol

bateu no cristal, foi acordando o colorido que começou a brotar dali de dentro. (1982a, p.19-20)

Mamãe diz que não foi ele que plantou minha semente, mas é ele que me rega todo dia. (1984b, p.10)

No fim de algum tempo,
ele sentia tanta saudade
que conseguiu um milagre:
tecendo pétalas de flor,
acabou fazendo uma túnica cor de maresia.
Enquanto isso, no chuveiro das ondas,
a Sereia conseguia tomar banho
de cheiro de luar na mata,
com todos os seus cricris. (1986b, p.12)

O sistema de ordenação dos elementos lingüísticos na frase, ou sintaxe, é muito menos rígido do que o das formas e dos sons, principalmente numa língua como a nossa. São inúmeras as possibilidades de escolha que, na maioria das vezes, não implicará necessariamente fenômeno estilístico, mas corresponderá à variação sintática. Segundo Mattoso Câmara Jr. (1977, p.32), "a situação favorece, entretanto, a intromissão do impulso expressivo, com um critério de escolha orientado para a manifestação psíquica e para o apelo. E assim há uma estilística do mecanismo da frase, que colabora com a estilística fônica e a estilística léxica na atividade da linguagem".

A palavra é valorizada na medida em que Ana Maria Machado a manipula em construções nas quais o sistema e a comunicação eficiente lhe permitem, conciliando usos tradicionais e "ousadias".

Vejamos alguns exemplos de como a autora se apropria da sintaxe para concretizar o seu texto:

- em orações predominantemente coordenativas com frases nominais:

> Mas cheio estava no cais. Com um bando de amigos, se preparando para soltar pipa. Pipa que ele mesmo tinha feito. Chico era danado de jeitoso. Fazia cada coisa linda – pipa, balão, espingardinha de cabo de guarda-chuva, atiradeira. Consertava tudo. Dava jeito em tudo. Fazia milagres com seu inseparável canivete. Era um bamba na bola de gude. Um craque no futebol. E ainda soltava pião como ninguém. (1984c, p.9)

> As penas dele eram usadas nos enfeites mais sagrados, mas ninguém matava quetzal. É o pássaro da liberdade. Não se pode prender. Voa com a cauda ondulante, longa e leve. E o canto dele é parecido com o jeito dele voar. Ondulante. Como uma serpente. Uma serpente de asas. Um assovio ondulante no meio da floresta. (1984b, p.30)

- em enumerações em vários níveis:

> Começam todos a se associar, cada um no seu estilo: discretos, barulhentos, buzinadores, secos, molhados, constrangidos, hesitantes, disfarçados, escandalosos, num desentupimento total. (1986a, p.92)

> Havia sol e havia mar. Muito sol. Muito mar. Com tudo o que costuma essas belezas acompanhar. Ilhas, praias, coqueirais, canoa a remo e a vela, redes de pesca e de sono, lagoas, conchas, peixes, jardins de algas, florestas de coral, brisa a soprar. (ibidem, p.1)

- em reiterações sob várias representações:

> E as caras *apavoradas* eram tão *apavorantes* que cada um saiu correndo... (1984a, p.29)

> *Corre-que-corre, pula-que-pula, foge-que-foge*, o cartão de moldura do retrato toda hora machucava minha barriga. (2000, p.18)

> E foi assim que *Marcela Marcelinha* ganhou uma goiaba *velha velhinha, bichada bichadinha*. E enquanto ela reclamava com aquela voz de *choro chorinho*, fui para casa com o coração sambando aos pulos. Cada *pulo pulão*. (ibidem, p.35)

> Essa aí é a primeira coisa redonda – explicou ela – *Redonda* das mais *redondas*. (1985b, p.13)

Considerações finais

Apresentamos uma pequena amostra dos recursos lingüístico-expressivos usados por Ana Maria Machado para elaborar seu texto. A seleção é evidentemente subjetiva, muitos outros exemplos representariam a gama de possibilidades lingüísticas que a autora concretiza em suas obras. Parece-nos suficiente para dar uma idéia do trabalho lingüístico de excelência que reveste seus temas recorrentes.

O "coloquial elaborado" estabelece uma natural e imediata empatia com os leitores que, ao se identificarem com tal estilo, estão, desde a chamada tenra idade, se preparando para altos vôos de linguagem, iniciando-se nos meandros da língua, pela materialização funcional e estética proporcionada pelo domínio pleno da palavra e suas estruturas lingüísticas (im)possíveis.

O resgate da expressão lírica, mas não piegas, libertária sem ser caótica, e renovadora sem menosprezar o passado, impõe-se na lenta e gradual (trans)formação de um indivíduo mais crítico e consciente.

Ana Maria Machado, em *Esta força estranha: trajetória de uma autora*, diz que "a palavra escrita é muito generosa, porque não há limites para seu alcance. Todo mundo no planeta, de alguma maneira, participa da criação, por meio dos mais diferentes caminhos" (1996, p.66). Sem dúvida, os dela nos conduzem à intimidade com a língua materna, a ponto de não nos darmos conta de como tal atividade lingüística passa a fazer parte de nós, acompanhando-nos aonde formos.

Finalizamos com as palavras da autora em *O canto da praça:* "Penso no poder de mudança que pode ter o canto da praça quando a multidão solta a voz... porque é a única que serve para chamar gente, reunir contrários, somar forças, vencer limites" (1986a, p.95).

Referências bibliográficas

BALLY, C. *El lenguaje y la vida*. Buenos Aires: Losada, 1941.

_____. *Traité de stylistique française*. 3.ed. Paris. Klincksieck, 1951.

BASTOS, D. (Org.) *Ana & Ruth*: vinte e cinco anos de literatura. Rio de Janeiro: Salamandra, 1995.

CÂMARA JR., J. M. *Contribuição à estilística portuguesa*. 3.ed. Rio de Janeiro: Ao Livro Técnico, 1977.

GRAMMONT, M. *Traité de phonétique*. 4.ed. Paris: Delagrave, 1975.

JAKOBSON, R. *Lingüística e comunicação*. 4.ed. São Paulo: Cultrix, 1970.

LAJOLO, M. *Literatura comentada*: Ana Maria Machado. São Paulo: Abril, 1982.

MACHADO, A. M. *Era uma vez um tirano*. 5.ed. Rio de Janeiro: Salamandra, 1982a.

_____. *História meio ao contrário*. São Paulo: Ática, 1982b.

_____. *Palavras, palavrinhas, palavrões*. Rio de Janeiro: Codecri, 1982c.

_____. *O menino que espiava para dentro*. 4.ed. Rio de Janeiro: Nova Fronteira, 1983a.

_____. *Passarinho me contou*. 3.ed. Rio de Janeiro: Nova Fronteira, 1983b.

_____. *Praga de unicórnio*. 2.ed. Rio de Janeiro: Nova Fronteira, 1983c.

_____. *Alguns medos e seus segredos*. 2.ed. Rio de Janeiro: Nova Fronteira, 1984a.

_____. *De olho nas penas*. 6.ed. Rio de Janeiro: Salamandra, 1984b.

_____. *Mandingas da Ilha Quilomba*. Rio de Janeiro: Salamandra, 1984c.

_____. *Bem do seu tamanho*. 7.ed. Rio de Janeiro: Brasil América, 1985a.

MACHADO, A. M. *Bento que bento é o frade*. 2.ed. Rio de Janeiro: Record, 1985b.

_____. *Do outro lado tem segredos*. 2.ed. Rio de Janeiro: Nova Fronteira, 1985c.

_____. *Quem perde ganha*. Rio de Janeiro: Nova Fronteira, 1985d.

_____. *O canto da praça*. Rio de Janeiro: Salamandra, 1986a.

_____. *O elfo e a sereia*. 2.ed. Rio de Janeiro: Salamandra, 1986b.

_____. *Esta força estranha*: trajetória de uma autora. 4.ed. Rio de Janeiro: Atual, 1996.

_____. *Bisa Bia, Bisa Bel*. 2.ed. Rio de Janeiro: Salamandra, 2000.

_____. *Texturas*: sobre leituras e escritos. Rio de Janeiro: Nova Fronteira, 2001.

MORIER, H. *Dictionnaire de poétique et de rhétorique*. 2.éd. Paris: PUF, 1975.

PEREIRA, M. T. G. *Recursos lingüístico-expressivos da obra infanto-juvenil de Ana Maria Machado*. Rio de Janeiro, 1990. Tese (Doutorado) — UFRJ.

RIBEIRO, E. C. *Serões grammaticaes*. 6.ed. Salvador: Livraria Progresso, 1955.

O texto de Ana Maria Machado: os teares estéticos do adjetivo

Anete Mariza Torres Di Gregorio[1]

> ... o adjetivo é a alma do idioma, a sua posição idealista, metafísica. O substantivo é a realidade nua e crua, é o naturalismo do vocabulário.
> (Machado de Assis)

Ao adentrarmos no universo ficcional de Ana Maria Machado, deixamo-nos impregnar por suas artimanhas lingüísticas, que nos conduzem ao encontro sincronizado do prazer da leitura e do conhecimento da estrutura do idioma.

O encanto desse encontro surge da articulação de um discurso coloquial "elaborado", ressaltado pelo uso das diversas formas de adjetivação, fluindo no texto com a simplicidade e o refinamento próprios do estilo de Ana Maria.

A autora mostra, em sua obra considerada adulta, um domínio pleno sobre o emprego do adjetivo, sujeitando-o à sua vontade expressiva. Para tal, desprende-se dos grilhões da Gramáti-

1 Professora de Língua Portuguesa da Universidade Iguaçu (RJ) – UNIG.

ca, que restringe o conceito de adjetivo, voando livre para o campo da Estilística, cuja visão muito mais ampla possibilita-lhe explorar as diversas formas de adjetivação.

O colorido, as nuances e o tom de sua expressão provêm da habilidade especial da escritora em jogar com esses recursos lingüísticos, selecionando-os e dispondo-os de modo equilibrado, revelando o seu profundo conhecimento da língua portuguesa.

Samuel Gili y Gaya (1976, p.216), em relação ao adjetivo, afirma: "O uso abundante e preciso de adjetivos está em razão direta ao grau de cultura, e constitui (ao lado das conjunções) um critério diferenciador muito importante entre os planos sociais das falas sincrônicas."

A sensibilidade artística de Ana Maria Machado aliada à sua eficácia idiomática permitem-lhe transitar entre as variantes lingüísticas (diatópicas, diastráticas ou diafásicas) sem preconceitos e sem tabus, procurando depreender como os diversos usuários de nossa língua materna realizam o processo de qualificar, registrando-o de maneira "elaborada".

A autora, portanto, traz à baila em seu texto não só o adjetivo (elemento fundamental da caracterização dos seres), mas tudo quanto possa valer como tal – jeito de entoação, palavra ou frase – para caracterizar.

Não há necessariamente caracterização na palavra, mas, conforme Marcel Cressot (1980, p.121), "numa intenção do espírito que classifica cada pormenor dentro das categorias de valores morais, estéticos ou simplesmente descritivos".

Do amálgama entre a função conceptual e a afetiva da adjetivação de Ana Maria exala o frescor de seu estilo literário.

A utilização estética do adjetivo e suas representações é de tal forma explorada que, indiscutivelmente, constitui-se em meio expressivo revelador da maneira de a autora ver e conceber a realidade, delineando a sua cosmovisão. Essa classe é uma das que mais sinalizam o lado afetivo da comunicação, pois toda qualidade manifestada envolve uma atitude valorativa, propiciando-nos perceber que acoplada à linguagem intelectiva há a linguagem expressiva. Desse modo, fundem-se forma, conteúdo e visão de mundo.

Ana Maria Machado celebra a riqueza de nossa língua materna, manipulando-a de acordo com os padrões lingüísticos que melhor revelam a realidade brasileira, sem contudo ater-se a concepções herméticas sobre "brasileirismos".

Aplica-se, pois, à autora a lúcida visão de Celso Cunha, incansável em tentar esclarecer questões acerca da língua portuguesa e da realidade lingüística do Brasil.

Cunha (1987, p.50) declara:

> Todas as palavras empregadas por usuários das diversas áreas do seu vasto domínio [da Língua Portuguesa], sejam elas de que proveniência forem, pertencem ao complexo diassistema que se chama língua portuguesa, o que, evidentemente, não é incompatível com a manutenção da marca de origem de cada uma.

Ana Maria lança mão dos adjetivos, locuções adjetivas, vocábulos ou expressões que funcionam como adjetivos, materializados, muitas vezes, por estrangeirismos, gírias, termos populares e "eruditos", bem como por meio de metáforas, comparações etc. Engendra com arte as possibilidades de distribuí-los na estrutura da frase, a fim de obter melhor ritmo, tornando-os o centro emocional, garantindo não só leveza à expressão, mas também irradiação semântica. Articula habilmente os planos fônico, léxico e sintático, capturando a atenção do leitor. Tece uma complexa rede de sentidos, instigando-o a desmanchá-la, a transpor significados para tecê-la novamente. Da junção desses três planos surgem a plenitude significativa e a beleza estética de sua criação literária.

Nas águas libertas da narrativa de *Alice e Ulisses* (*A & U*), de *Tropical sol da liberdade* (*TSL*), de *Canteiros de Saturno* (*Saturno*), de *Aos quatro ventos* (*Ventos*) e de *A audácia dessa mulher* (*Audácia*) – os cinco romances eleitos como *corpus* de nossa análise – navegam fatos lingüísticos com extrema desenvoltura, refletindo a maleabilidade do sistema da língua portuguesa, permitindo ao leitor apreender e apreciar as possibilidades expressivas do adjetivo e suas representações por meio dos usos artísticos inéditos ou ressignificados pela autora, como observaremos a seguir.

Selecionamos apenas seis – a caracterização pela antonomásia; a adjetivação através de expressões coloquiais; o adjetivo: propulsor do jogo metalingüístico; o enlace inusitado; o adjetivo adverbial: seus ecos significativos; e a impropriedade adjetiva: fator peculiar da criação metafórica – desses usos de que Ana Maria tira proveito para mostrar como o processo de adjetivação espelha o preparo elaborado da alquimia poética da escritora.

A caracterização pela antonomásia

A figura de estilo *antonomásia* parece-nos ser um dos traços singulares do tratamento dado por Ana Maria Machado ao processo de adjetivação.

Mattoso Câmara Jr. (1984, p.53) define-a como "substituição do nome de um ser pelo de uma sua qualidade; ex.: *o Redentor*. Pode ter intuito descritivo, laudatório, pejorativo, eufêmico ou irônico".

As conceituações sobre a antonomásia giram em torno de um consenso: ao se trocar o nome próprio pelo nome comum ou vice-versa, geralmente o nome comum expressa um atributo identificador da pessoa (ou divindade, entidade real ou fictícia, povo, país, cidade) ou um fato relacionado diretamente a ela.

Por isso, Othon Moacyr Garcia (1998, p.101) considera-a uma variedade de metonímia, citando em uma de suas notas Heinrich Lausberg, que a vê como uma "espécie de sinédoque".

Garcia (ibidem, p.101), quanto à antonomásia, acrescenta ainda:

> Na linguagem coloquial, antonomásia é o mesmo que apelido, alcunha ou cognome, cuja origem é um aposto (descritivo, especificativo, pejorativo, etc.) do nome próprio. Quando ambos, em conseqüência de um acentuado grau de habitualização, se evocam mútua e espontaneamente, omite-se o nome próprio, e o aposto torna-se, assim, antonomásia ou apelido.

O substantivo em aposição não possui por si mesmo função sintática, uma vez que a aposição não é propriamente função gramatical. Desse modo, um substantivo pode ser aposto a um sujeito, a um objeto direto do objeto direto, de um adjunto adnominal, a um vocativo. Todavia, segundo Jean Dubois, "todos os empregos da aposição são predicativos e tendem a descrever a pessoa ou a coisa designada" (Dubois et al., 1999, p.64).

Ana Maria Machado explora em seu texto a antonomásia, que encerra em si dois aspectos: o da denominação e o da caracterização, com ênfase no segundo.

Sendo normalmente formada por um agrupamento de palavras, alguns autores – entre eles Othon Moacyr Garcia – dão à *antonomásia* o nome de *perífrase*.

Em virtude de várias perífrases consagradas pelo uso, reduzindo-se à condição de clichês, de lugares-comuns, essas construções tornam-se familiares ao leitor, que responde, de imediato, ao apelo do escritor, cuja finalidade é envolvê-lo na leitura de sua obra.

Ana Maria Machado combina simplicidade e requinte na elaboração de antonomásias, como verificamos a seguir:

> Mais adiante, a picada rodeava um tronco imenso, o maior que Lena já vira ou ia ver em sua vida. ... O tronco imenso subia até quase se perder de vista, na copa gigantesca. Perto dele, todas as grandes árvores da floresta, imensas, ficavam pelo meio do caminho, feito qualquer árvore de cidade, plantada em calçada. Nem dava para ver inteira, com os galhos de árvores menores tapando a

> visão. Ficaram todos parados, sem fala, olhando para cima. Depois o avô apresentou: – É um jequitibá. **O rei da mata**. (TSL, p.339)[2]

A imponência do *jequitibá* como seu traço característico marcante é traduzida com propriedade pela perífrase **o rei da mata**, conferindo-lhe superioridade em relação às outras espécies vegetais. Trata-se de uma *árvore altiva, majestosa*.

A autora, por meio de seus personagens, discute a questão fundamental do equilíbrio do ecossistema, abordando desde a extinção de animais até a destruição de florestas. Com sutileza, introduz o questionamento sobre a origem do nome Brasil (pau-brasil), flagrando a incoerência de ser "o único país do mundo com nome de árvore, mas é o que mais derruba árvore".

Joga com o campo semântico, apresentando a possibilidade de mudança da motivação do nome, já que "até hoje, a maneira brasileira de limpar o campo não é passar trator como nos outros lugares – é tocar fogo":

> A gente fica sonhando, imaginando que é a terra das belas árvores, mas no fundo é mesmo o país da madeira derrubada para tingir pano. Ou essa sua idéia engraçada – Brasil, **terra da brasa**. (TSL, p.165)

A antonomásia **terra da brasa**, a nosso ver, representa um eufemismo para a idéia equivalente: *Brasil devastador*, pois brasa também contém os semas de calor, aquecimento, proteção, que a autora explora nos parágrafos subseqüentes. A protagonista (lembrando do exílio) pensa no braseiro do Brasil, fogo no peito, que anima de forma amorosa e terna os corações dos desterrados, ligando-os à pátria de origem.

A partir de um modelo de perífrase já consagrado,

---

2 Os destaques em negrito nas passagens dos textos de Ana Maria Machado são nossos.

> Crônica. Cronos. O velho deus grego. O Saturno dos romanos. O **Senhor do tempo**. (Saturno, p.105)

Ana Maria Machado constrói outras antonomásias, fortalecendo o elo entre leitor-obra-autor ao utilizar padrão familiar:

> **Senhor de todas as servidões**, o tempo não tem por que poupar relíquias familiares. (TSL, p.88)

> Para alguém como Antônio, acostumado a ser **senhor dos seus passos e dos seus horários**, indo à rua atrás dos fatos, isso equivaleria a uma morte profissional. (TSL, p.176)

> Vovô pisava firme, pés um pouco voltados para fora, calcanhar batendo no chão, deixando marca funda na terra. Dentro de casa, seus passos exagerados faziam vibrar os tabuões de peroba do piso da sala, às vezes os cálices de licor tilintavam dentro da cristaleira, brindando entre si à saúde do **senhor de todos**. (Ventos, p.3)

Nessas ocorrências, cujas perífrases iniciam-se por **senhor de(o) (os)**, a intenção estilística é ressaltar o principal traço da noção de propriedade – o estabelecimento das relações entre "amo e servo", "dominador e dominado". Em várias partes da obra, a autora dissemina o sema contido na idéia de propriedade: há *pessoas* e um *tempo soberanos, controladores* de vidas, provocando no leitor constantes reflexões pertinentes à realidade da terra em que cada um de nós germinamos.

Gostaríamos de encerrar a seção citando a própria escritora: "o Nome é sempre significativo. E sempre uma forma de classificação" (Machado, 1976, p.27), abrangendo sob a denominação de *Nome* prenomes, sobrenomes, cognomes e suas variantes.

Para que o processo classificatório se efetue, é mister o levantamento dos atributos dos seres; de onde emerge, em nosso entender, a importância da figura de estilo *antonomásia*, que consiste, como vimos, na substituição do nome de um ser pelo de uma sua qualidade, transformando-se em um instrumento de caracterização de grande valia.

A adjetivação por meio de expressões coloquiais

O coloquialismo no estilo de Ana Maria Machado manifesta a tendência em reduzir uma das antinomias mais nítidas da atividade lingüística, a existente entre os níveis formal-culto e coloquial-popular.

Pela boca de seus personagens, a autora discute o distanciamento entre esses níveis, o hermetismo da linguagem formal-culta, propriedade quase exclusiva de uma classe social privilegiada, sem compromisso e com muitas promessas oportunistas para o resgate sociocultural dos menos favorecidos, que "cuidadosamente" são conduzidos ao silenciamento. É o que podemos constatar, por exemplo, em um dos diálogos entre personagens do livro *Canteiros de Saturno*, cujo fragmento transcrevemos a seguir:

> Bárbara deu um palpite:
>
> – O que acontece em nossa sociedade é que a mulher é expropriada de sua própria palavra, fica sem voz, não sabe se manifestar. Principalmente na escrita. ... Leonora tinha dúvidas: – Acho que isso existe e é verdade, numa certa medida. Mas acho que, no caso da Marly, não é principalmente por ela ser mulher. É por ela ser pobre, de uma região miserável, com uma história ancestral de privação. Acho que é muito mais um problema de classe social do que de gênero. É toda uma classe a quem a sociedade nega um uso da língua – um uso fundamental, básico, inalienável, o da própria expressão. (p.189)

Parece-nos natural, portanto, que essa "consciência" interfira em seu processo de criação (inconscientemente ou não), acabando por definir o seu estilo literário.

Ana Maria Machado usa uma linguagem eminentemente coloquial, aproveitando expressões caracterizadas pela espontaneidade, construções compactas carregadas de imagens, gírias, utilizadas pela maioria das pessoas em seu dia-a-dia, sobretudo nas situações informais. Conjuga-as, porém, ao longo da obra, com expressões requintadas, reveladoras do estilo coloquial "elaborado".

Nosso interesse, no presente artigo, restringe-se às expressões coloquiais que exercem o papel do adjetivo. Apresentam-se ora em função adnominal ora em função predicativa, como verificamos nos textos seguintes.

Em função adnominal, dentre outras, selecionamos:

> – Deve ser algum engano, Augusto. A gente não se conhece. Quer dizer, uma vez... – ela tentava arrumar alguma coisa **com pé e cabeça** para dizer. (A&U, p.14)

A alteração da expressão familiar *sem pé nem cabeça* (= *adjetivo ilógico*) provoca um estranhamento no leitor, captando mais facilmente a sua atenção, fazendo que o paralelo **com pé e cabeça** seja simultaneamente realizado, instaurando o novo sentido: *alguma coisa com base, lógica, coerente.*

A quebra da expectativa é recurso bastante interessante e pode ser realizada de diversos modos, conforme a variante usada abaixo:

> Mas não adianta pedir cola ao sonho. Pode ser até que ele saiba tudo, mas é como aqueles caras bem **cu-de-ferro** que tinha no colégio, uns egoístas, não ajudavam nada. (Ventos, p.112)

A autora faz questão de empregar a gíria **cu-de-ferro** (pessoa que leva extremamente a sério seus trabalhos, estudos, compromissos etc.) na íntegra, sem recorrer ao eufemismo da sigla *CDF* (*cê-dê-efe*), causando maior impacto no leitor.

Mattoso Câmara Jr. (1979, p.136), em relação ao vocábulo gírio, assinala:

> A gíria é justamente a linguagem poética correspondente à língua popular. Os recursos com que dá sentido afetivo às formas lingüísticas são, em última análise, os mesmos que se encontram

> na linguagem poética mais apurada. A diferença está no material de que se serve, e não nos processos por que o submete a esse fim: a metonímia, a metáfora, a catacrese, a ironia, e todas as demais figuras de linguagem, que a retórica define e metodiza, aparecem na gíria, exteriorizando estados psíquicos e visando a impressionar e sugestionar o próximo.

Entre outras ocorrências de expressões coloquiais em função predicativa, destacamos:

> Mas só mesmo porque achava coquetel **um pé no saco**. (A&U, p.9)

Os termos equivalentes: *achava coquetel um enfado, uma amolação, uma chatice...*, enfim, qualquer uma dessas escolhas léxicas não produziria o mesmo efeito. A inserção da gíria **um pé no saco** propicia uma aproximação maior com o leitor, que tem o seu campo sensorial ativado imediatamente pela força expressiva do vocábulo gírio.

Dino Preti (1998, p.122), quanto à gíria, afirma:

> [ela] pode atuar como mecanismo de compensação, de catarse social, de purgação para o homem, que nela encontra uma das formas de extravasar sua revolta e frustração em relação às injustiças sociais. E o faz por meio do humor, da ironia, da agressividade, da malícia de suas imagens, da sistemática oposição a tudo que remeta aos valores estabelecidos pela sociedade, aos tabus morais reverenciados pela tradição.

No exemplo seguinte, observamos fenômeno semelhante:

> Eu precisava estar muito gagá para deixar um menino me desrespeitar deste jeito. (Saturno, p.102)

Embora o vocábulo **gagá** não esteja registrado no dicionário (Ferreira, 1999) como gíria, aparece simplesmente – "[Do fr.

gaga]. Diz-se de, ou pessoa decrépita e/ou caduca" – a nosso ver, o usuário da língua portuguesa percebe-o dessa maneira. Talvez pela simplicidade de sua forma – duplicação da mesma sílaba –, conferindo-lhe um certo ar primitivo, bem característico do processo inicial da aquisição da linguagem, talvez pela equivalência de seus substitutos atuais. E, convenhamos, entre *gagá* e *caduco* ou *pinel*, *pirado*, a preferência por **gagá** acentua a adequação ao contexto, já que esta é a fala de um personagem bem idoso, por isso capaz de reintroduzir no sistema uma palavra em desuso.

Ana Maria Machado tempera o seu texto com expressões coloquiais, salpicando-as em diversas partes de sua obra, como podemos saborear ainda nos fragmentos seguintes, em que aparecem: **cara de tacho** (= adjetivo *desapontada*), **pavio curto** (= adjetivo *explosiva*) e **galinha** (= adjetivo *volúvel, bígamo*).

> E os primos e o tio deviam ter ficado todos com **cara de tacho**, depois de um tempão brigando, sem querer que ela fosse. (TSL, p.328)

> Vendo que a irmã estava de **pavio curto**, Lélia não quis dificultar as coisas. (Ventos, p.147)

> A última coisa que precisava agora era se ligar a alguém que nesses assuntos, na melhor das hipóteses, era extremamente dúbio. Não-confiável. Em bom português, um **galinha** e um mentiroso. (Audácia, p.168)

O talento de Ana Maria Machado, conhecedora profunda do sistema lingüístico, permite que circule de modo natural por todos os meios que a língua oferece, explorando-os a fim de que a diversidade no processo de adjetivação dê leveza ao texto.

No que concerne à linguagem literária, estamos acordes com Pereira (1999, p.143) que declara:

São bem-vindos os neologismos (morfológicos e semânticos), as gírias (e conseqüentemente o palavrão ou a palavra não tão nobre bem aplicados), os brasileirismos oportunos e insubstituíveis, as construções abreviadas e frases curtas fazendo "pendant" com construções elaboradas, vocábulos até eruditos, períodos bem formados numa conjugação equilibrada artesanalmente cujo objetivo seria encaixar, como num grande quebra-cabeça, fenômenos lingüísticos aparentemente tão diversos.

O adjetivo: propulsor do jogo metalingüístico

Na obra de Ana Maria Machado, encontramos diversas passagens denotadoras de sua necessidade de explicar ou de precisar o código utilizado, centrando-se na função metalingüística, como se falasse ao leitor: "Com essa palavra quero dizer...".

Lembremo-nos, porém, de que na mensagem verbal há superposição das várias funções da linguagem: referencial, apelativa ou conativa, emotiva ou expressiva, estética ou poética, fática e a metalingüística, anteriormente mencionada.

Vanoye (1998, p.77), no que tange a essas funções, afirma:

> Os elementos referenciais definem as informações de base da mensagem – informações enumeráveis, sintetizáveis, "brutas" ou "objetivas" – e os outros elementos definem o trabalho de organização dessas informações em função do propósito almejado pelo autor da mensagem.

As intervenções metalingüísticas da autora são pertinentes à sua relação com a língua e a literatura ou sobre conteúdos lingüísticos e literários propriamente ditos, demonstrando a capacidade de lidar com o sistema idiomático, reverenciando a língua com tal procedimento.

Em razão da natureza do artigo, daremos relevo àquelas que dizem respeito ao *adjetivo como propulsor do jogo metalingüístico*:

> Um animal ético. Um animal **patológico**, isso sim. Não é à-toa que *pathos* é doença e é paixão. Tudo dor. (A&U, p.68)

> – Pois eu penso muito em você, e acho que você também pensa em mim de vez em quando, apesar do Muniz ter dito que nós somos duas idéias **impensáveis**. ...
>
> – Impensável no século XIX era essa expressão. Ninguém *pensava* uma idéia, *pensava-se* uma ferida. Quer dizer, cuidava-se de um machucado. Nos outros casos, acho que era sempre *pensar em* alguma coisa. ...
>
> – Quer dizer que, então *impensável* seria *incurável*...
>
> – Não deixa de ser... Ou, pelo menos, *intratável*... – concordou ela. – E o que eu quero lhe dizer, o que eu acho que tenho que trazer francamente a esta conversa, é que eu acho que minha idéia impensável é o Fabrício. É nele que eu não devo ficar pensando, e é dele que eu não me curo. (Audácia, p.81-2)

É interessante observarmos, no exemplo, o jogo que se arma no decorrer do diálogo, mexendo simultaneamente com duas peças: a nuance de sentido do adjetivo **impensável** e a alteração da regência do verbo *pensar*, no processo diacrônico da língua.

Em outras ocorrências, Ana Maria Machado insere no jogo os chamados estrangeirismos, ressaltando por meio de suas escolhas a influência/dominação cultural norte-americana. Parece-nos que segue à risca as palavras de Mattoso Câmara Jr. (1978, p.56): "O critério gramatical de só usar um termo estrangeiro quando falta um vernáculo com a mesma exata acepção, é inoperante do ponto de vista estilístico". O autor acrescenta que há, por motivos vários, certa vibração emocional no estrangeirismo.

Tira vantagem dessa tonalidade afetiva, mas pondera o seu emprego:

> De qualquer modo, é um trabalho **full-time**. Tempo integral e dedicação exclusiva, como se exige dos professores universitários. (Ventos, 143)

> Ou talvez fazer uma coisa contida, intimista, feito cinema em **close-up**, sei lá bem o que é que eu estou querendo. (Saturno, 130)

> Mas uma felicidade esporádica, assim meio **free-lancer**, essa eu acho que existe sim... (Saturno, p.304)

Não poderíamos encerrar a seção, sem aludirmos a dois exemplos deveras atraentes, em que a adjetivação – propulsora do jogo metalingüístico – ocorre em função predicativa:

> Não dá para apressar um filho a sair da barriga, não adianta correr, há um tempo para tudo. Para a gestação e para o queijo. A cesariana e o coalho químico só podem apressar um pouco, interferir superficialmente. Mas o tempo é **senhor. Do bebê** e da **coalhada. Do coalho** e **do coágulo**, que é tudo a mesma coisa, mesma palavra em histórias diferentes. (TSL, p.113-4)

De modo espontâneo, Ana Maria Machado traz à tona dois vocábulos da mesma origem, que entraram no sistema da língua por vias diferentes: **coalho**, do latim *coagulu*, por via popular, e **coágulo**, do latim *coagulu*, por via erudita, ambos significando "parte coagulada de um líquido".

> Mais fundamental ainda seria que, nesse amor, ela pudesse estar segura de ser a **predileta**, a pré-dileta, a dileta antes de mais nada e de tudo, a mais amada, aquela diante da qual o coração dele diria como o do poeta: "Em tudo ao meu amor, serei atento/antes, com tal zelo e sempre e tanto,/que mesmo em face do maior encanto/dele se encante mais meu pensamento". Isso, porém, lhe estava sendo negado. (Audácia, p.134)

A ludicidade é a tônica do fragmento. A autora brinca com a palavra **predileta** (atributo que o personagem anseia que a ele seja dado), cujo campo semântico amplia-se pela intertextualidade explícita por meio da primeira estrofe do "Soneto de Fidelidade" de Vinicius de Moraes.

Não nos esqueçamos, pois, de que ao mesmo tempo o texto aproveitado denota e renuncia a denotar, é transitivo e intransitivo, tem o valor de significado a cem por cento e de significante a cem por cento. Toda a palavra, toda a leitura intertextual cabem neste movimento (cf. Jenny, 1979, p.22).

O adjetivo, como impulsionador do jogo metalingüístico, constitui um dos traços expressivos mais peculiares de Ana Maria Machado.

O enlace inusitado

A adjetivação em Ana Maria Machado liberta-se dos liames puramente lógicos, cria um universo estético com base em relações sensoriais e intelectuais não-idênticas, rompendo os dados do real.

A autora surpreende o leitor com "enlaces inusitados" entre o substantivo e o adjetivo, excitando a sua imaginação, fazendo-o (re)descobrir outros percursos, em que a aparente impropriedade adjetiva desfaz-se por associações de idéias, tornando-se naturalmente adequada, revelando-se como qualidade de estilo.

A protagonista de *Tropical sol da liberdade*, acometida por uma doença que a desestabiliza física e emocionalmente (interferindo em suas habilidades, comprometendo, até mesmo, o fluxo de sua linguagem), procura a casa materna para tentar renascer e recriar possibilidades de fecundar dois embriões: o de seu próprio filho e o de sua peça teatral, importantes à completude de sua vida.

A linguagem da autora espelha seu desejo de gestações:

> Já que ninguém tocava [piano], podiam vender, dar, alugar, emprestar a grande caixa de todas as músicas. Podiam até não fazer nada e simplesmente deixar ali, no canto da varanda, à espera de ocasionais **dedos grávidos** de música. (TSL, p.88)

A força expressiva dessa passagem é obtida, a nosso ver, por um processo de transposição metafórica,[3] sustentado exclusivamente pelo contexto.

Ao longo da obra, sobretudo no capítulo V, de onde extraímos o fragmento citado, o personagem reflete acerca de sua infertilidade momentânea. A autora realiza espontaneamente a travessia do eixo temático: do personagem ao piano, ambos em lamentável estado de degeneração – este, material; aquele, física e emocional, convidando-nos sutilmente a acompanhá-la.

Sem nos apercebermos, a estranheza da combinatória **dedos grávidos** dilui-se, pois o cruzamento semântico é feito sem sobressaltos, instaurando-se a relação de semelhança entre os dois referentes: o personagem e o piano, ambos postos de lado, definhando-se com o correr do tempo, porém recuperáveis por meio de **dedos** (pessoas) **férteis**, geradores(as) de harmonia, capazes de (pro)criar novas vidas – reais e fictícias. Simultaneamente, observamos a sinédoque:[4] *dedos* por *ser humano*, resgatando a lógica, tornando o adjetivo **grávidos** pertinente ao substantivo **dedos**.

---

3 Para evitar possíveis digressões, não entramos em detalhes sobre o processo metafórico. A leitura do livro *As figuras de linguagem*, de Roberto de Oliveira Brandão, São Paulo: Editora Ática, 1989, especificamente as páginas 76-83, é bastante completa para tal.

4 Brandão (1989, p.83) lembra-nos de que somente Du Marsais, entre os retóricos antigos, conseguiu chegar próximo de uma caracterização aceitável sobre a metonímia propriamente dita, ao dizer que, "na metonímia, o objeto que empresta seu nome e o objeto que o recebe são independentes, ao contrário da sinédoque, onde os dois objetos formam um conjunto na relação 'todo/ parte' ".

Do romance *Alice & Ulisses*, destacamos o momento em que os dois personagens são apresentados um ao outro por um amigo em comum: Augusto, bruxo-pai adorável. Como uma premonição, ambos, interiormente, sabem que a partir dali seus destinos estão entrelaçados. Nós, leitores, somos "informados" a respeito disso pelo impacto de mais um enlace inusitado do substantivo e do adjetivo:

> Deu [Ulisses] um riso meio tímido, mostrando uma separaçãozinha entre dois **dentes** inferiores e **apaixonados**, um jeito aliciante que ela depois foi aprendendo a amar. (A&U, p.18)

À primeira vista, parece-nos que há um desencontro entre o nome e o adjetivo, mas, subitamente, passamos a ver essa união de maneira lícita. O substantivo físico (**dentes**) é modificado por um adjetivo de natureza psicológica (**apaixonados**), que na verdade não o qualifica, pois corresponde ao sujeito *ele, Ulisses*.

A autora, portanto, desloca o qualificativo psicológico que tem relação com o sujeito, aplicando-o ao complemento (hipálage[5] e sinédoque).

Em *Canteiros de Saturno*, a escritora mescla relações sensoriais e intelectuais por meio do enlace inusitado entre o nome e o adjetivo, produzindo uma ruptura lógica, capturando a atenção do leitor, que necessita separar os fios para reconstruir a rede de sentidos.

Os dois protagonistas do romance envolvem-se, formando um dos triângulos amorosos que perpassam a trama narrativa. A revelação desse amor incubado é cercada por um clima de celebração, em que corpo e alma embevecidos poderão finalmente fundir-se. Curiosamente, assim como os personagens ainda não

---

5 Mattoso Câmara (1984, p.137), em seu *Dicionário de lingüística e gramática*, define *hipálage* como: "figura de linguagem em que se dá realce a um determinante, associando-o a um termo que não é, logicamente, o seu correspondente determinado, assim se criando um sintagma inesperado".

habituados com a possibilidade da união, o leitor é também surpreendido pela aliança incomum do substantivo e do adjetivo:

> Serviu mais vinho, levantou o copo, olhou-o contra a luz. Respirou fundo antes de beber, sentiu o **aroma** de uva e **promessa**. Olhou para ela. (Saturno, p.78)

O substantivo **aroma** (percepção olfativa) primeiramente é qualificado com pertinência pela locução adjetiva *de uva* (preposição *de* + substantivo concreto *uva*: ser vegetal, passível, portanto, de exalar odores). Mas ao substantivo **aroma** é adicionada outra locução adjetiva: *de* (elíptica) + substantivo abstrato **promessa**, que, por pertencer ao campo das idéias, logicamente, propriedades da área sensorial estariam excluídas.

Entretanto, a inadequação é momentânea. O leitor, após o choque inicial, consegue ver a junção nome-adjetivo como coerente e satisfatória, ao ativar em seu espírito vínculos verbais associativos, que atuam indiretamente.

O contexto sugere o ritual religioso de sacramento (=juramento), de promessa, pois a descrição da cena evoca o cerimonial do levantamento do cálice que contém vinho, ícone da eucaristia, da comunhão, ou seja, da participação em comum de crenças, interesses, idéias etc. Feita a transposição, a combinação do elemento sensorial e do psicológico – **aroma** *de uva* e **promessa** – surge à nossa vista como natural.

O romance *A audácia dessa mulher* é sobretudo uma homenagem à arte literária e ao prazer da leitura. Emaranhados à trama do romance, outros enredos se desenrolam: a escrita e a produção de uma novela de época (final do século XIX), que possibilita um novo encaixe, trazendo à baila fragmentos de *Dom Casmurro*, de Machado de Assis.

A autora celebra o universo ficcional e seus criadores, culminando com o recurso estilístico do enlace inusitado:

> brindamos nós com ela, erguendo esta **taça de escrita e leitura,** também cintilantes do pôr-do-sol ou do nascer do dia. (Audácia, p.224)

É o último parágrafo do livro. Como podemos observar, Ana Maria Machado integra autor-obra-leitor ao propor o compartilhamento do brinde do personagem principal, que saúda, entre outras coisas, a criação de Machado de Assis: "Capitu", mulher cujo traço característico também é a audácia.

Por isso, o estranhamento do enlace inusitado do substantivo **taça** e da locução adjetiva **de escrita e leitura** esvai-se. O leitor, instintivamente, realiza a transferência de sentidos: *o livro é um troféu,* patrimônio coletivo, que como tal, à medida que muda de mãos e novos olhos desnudam-no, ganha colorido e nuances singulares.

Aos quatro ventos aborda, entre outros temas, a vocação do escritor, sua luta interna e solitária durante a elaboração de uma obra.

Nas três últimas páginas do capítulo IX, predominantemente, Ana Maria Machado realiza precioso trabalho de metalinguagem, expondo o sofrimento e o prazer do ato de criação, a angústia pela busca da palavra precisa e sedutora.

Logo, quando o leitor depara-se com o enlace inusitado dos substantivos concretos **flores** ou **folhas** e das locuções adjetivas **de exatidão** e **(de) surpresa** (ambas formadas por preposição + substantivo abstrato),

> E pode ser que esses malabarismos verbais soterrados venham a deixar minúsculas raízes e irrompam um dia, mais adiante, brotando em **flores** ou **folhagens de exatidão e surpresa**. (Ventos, p.142-3)

transporta-se de modo espontâneo ao contexto metafórico, dissipando-o, fazendo as permutas necessárias: *criações claras e cativantes,* ou seja, obras cuja linguagem possua duas características essenciais: ser comunicativa e expressiva concomitantemente.

Em relação ao *enlace inusitado,*[5] Ernesto Guerra Da Cal (s. d., p.114) afirma:

> Trata-se de uma técnica de deliberada propriedade adjetiva, realizada com atilado instinto estético e psicológico. São hábeis substituições do termo próprio por outro, no qual aquele está contido por associação ou metaforização, mas que, além disso, provoca representações adicionais de natureza física ou psíquica, que dão ao substantivo uma multiplicidade de planos.

O adjetivo adverbial: seus ecos significativos

Ana Maria Machado extrai mais uma das possibilidades expressivas do adjetivo: seu emprego com valor fronteiriço de advérbio.

Desloca-o na estrutura frasal, estabelecendo pausas que permitem não só uma permuta de funções gramaticais, mas, sobretudo, propagação de seu sentido:

> De fatia em fatia, comeu quase um abacaxi inteiro, o caldo escorrendo. **Gostoso.** Uma coisa real. (A&U, p.22)

No exemplo, observamos o adjetivo em posição de realce, demarcado bilateralmente pelo signo de pontuação (ponto simples) e pelo uso de letra maiúscula, irradiando sua substância para a totalidade do conjunto significativo, permitindo ao leitor uma tríplice leitura: *o caldo* **gostoso** *escorrendo; o caldo escorrendo* **gostosamente**; e, pelo contexto, a situação sugere ainda – *Uma coisa real,* **gostosa**.

Fenômeno semelhante vemos na ocorrência a seguir:

---

5 Ernesto Guerra Da Cal denomina esses choques combinatórios produzidos pela união do substantivo e do adjetivo de aliança desusada.

> Mas Tuca também não dormiu fácil, só fingiu. Ficou pensando sem parar, **exausto**, todos os pensamentos se embaralhando na cabeça. (Saturno, p.288)

O adjetivo está separado por meio de vírgulas dos outros componentes da frase, propiciando ao leitor a (re)construção do processo de deslocamento por duas vias, ampliando seu campo semântico.

Primeiramente, projeta o adjetivo **exausto** como alvo do sujeito, isto é, seu atributo, que vem mediado pelo verbo copulativo *ficar*: *(Ele) ficou* **exausto**, *pensando sem parar, todos os pensamentos...*; em segundo lugar, percebe sua atuação sobre a ação verbal *pensar*, indicando a circunstância de modo: *Ficou pensando* **exaustivamente**, *sem parar, todos os pensamentos...*

Encontramos no fragmento abaixo variante do procedimento em questão: uma parelha de adjetivos, postos no final, encerrando o parágrafo:

> As palavras estavam sempre prenhes, embora nem mesmo fossem ditas, existissem apenas no pensamento, **informes, informuladas**. (TSL, p.162)

Há, nesse exemplo, duas leituras: 1) *As palavras estavam* **informes, informuladas**, *sempre prenhes, embora...* – o leitor considera os adjetivos **informes, informuladas** como atributos do sujeito (*palavras*); 2) *As palavras estavam sempre prenhes, embora (...), existissem* **informe** *e* **informuladamente** *apenas no pensamento* – os adjetivos são vistos em função adverbial.

No próximo texto, vemos que o adjetivo aparece intercalado entre orações do período, engrandecendo o efeito:

> Queria olhar um bem-te-vi que cantava, **barulhento**, abafando todos os outros pássaros matutinos com seu grito escandaloso, que desde pequeno ele se acostumara a reconhecer como um testemunho anunciado. (Ventos, p.163)

O adjetivo **barulhento** atua, portanto, significativa e simultaneamente sobre o sujeito (*que= bem-te-vi*) e o verbo (*cantava*). Embora não esteja ligado a esses elementos, contagia-os: ... *que (= bem-te-vi)* **barulhento** *cantava, abafando todos os outros pássaros matutinos* ...; ... *que cantava* **barulhentamente**, *abafando todos os outros pássaros*....

O fragmento selecionado para fechar a seção sintoniza-se com o conceito de estilo apresentado por Ernesto Carneiro Ribeiro (1915, p.859):

> O estilo liga-se muito estreitamente ao modo de sentir e pensar do escritor: denuncia e revela sua têmpera, seu caráter, sua individualidade mesma, que nele transparece e resumbra; *não está*, di-lo bem Buffon, *fora do homem*; é o homem mesmo.

A voz de Ana Maria Machado ecoa na de seus protagonistas que, em uma das passagens do romance *Canteiros de Saturno*, discutem sobre as nuances de sentido do verbo *envelhecer*, demonstrando mais uma vez o domínio do sistema da língua portuguesa.

A autora revela-se ao utilizar o recurso estilístico do adjetivo adverbial:

> Podia existir também *envelhecer-se*, assim, com pronome, **reflexivo**. (Saturno, p.222)

Explora o deslocamento do adjetivo, surpreendendo o leitor com a ruptura entre o substantivo (pronome) e o adjetivo (reflexivo). Familiarizado com a junção usual desses termos, em razão do seu repertório de estudante, o leitor instaura ao mesmo tempo dois jogos de sentido: 1) *Podia existir também* envelhecer-se, *assim, com pronome* **reflexivo**; 2) *Podia existir também* envelhecer-se **reflexivamente**, *assim* ....

O adjetivo adverbial proporciona a difusão de sua área semântica, constituindo-se em um mecanismo estilístico que garante concisão e economia de meios expressivos, preocupações do bom estilo.

A impropriedade adjetiva: fator peculiar da criação metafórica

Em relação à metáfora, Charles Kay Ogden e Ivor Armstrong Richards (1976, p.218) afirmam:

> Na compreensão da linguagem metafórica, uma referência toma parte do contexto de uma outra referência, numa forma abstrata. ... o uso da metáfora envolve a mesma espécie de contextos que o pensamento abstrato, sendo o ponto importante que os membros só possuirão a característica pertinente em comum e que as características irrelevantes ou acidentais anular-se-ão mutuamente. Todo o uso de *adjetivos*, preposições, verbos etc. depende desse princípio.

Ana Maria Machado emprega o recurso de junções inusitadas entre o substantivo e o adjetivo para produzir o efeito de surpresa desejado. Explora o "absurdo" lógico de uma aproximação e de uma identificação entre objetos distintos, provocando o imprevisto, o "ar estranho", elemento caracterizador da metáfora.

Garante, porém, a clareza textual, porque o adjetivo expressa uma referência a relações preestabelecidas no texto:

> Em vez de entrar no carro, preferiu caminhar um pouco pela beira da praia, respirar a maresia, olhar as ondas. Tirou os sapatos, pisou na areia, andou um pouco, sentou, ficou contemplando aquele estranho *animal* **líquido, verde-azul de crinas brancas,** arfando incessantemente, por todos os séculos dos séculos, ... (A&U, p.107)

Encontramos uma metáfora configurada especialmente pelo adjetivo **líquido** – usualmente atribuído a seres inanimados – como determinante de *animal*, permitindo que se estabeleça, pelo contexto, a relação de similaridade entre *animal* e *mar*.

O adjetivo **verde-azul**, descrevendo a cor caracterizadora desse *animal*, por mais impróprio que pareça de imediato, faz que o leitor dê o salto semântico de forma natural, realizando a sua transferência para o referente análogo *mar*.

Na seqüência descritiva, a locução adjetiva **de crinas brancas** estende o campo semântico, abarcando simultaneamente os referentes *animal* e *mar*. **De crinas** leva-nos não só a identificar o *animal*: *cavalo* (símbolo bastante recorrente na cultura universal), assim como a relacionar o termo como substituto de *ondas*, cabeleira do mar, sentido reforçado pelo adjetivo posposto **brancas**.

A identidade entre esses objetos diversos é percebida pela idéia de movimento incessante das ondas do mar, que em seu fluxo atravessa continentes, transporta pessoas a outros espaços, demonstrando a sua *força*, galopando pelos tempos afora.

O estilo de Ana Maria Machado na criação da metáfora lembra-nos as palavras de Middleton Murry (1968, p.24-5):

> a verdadeira metáfora, longe de ser um adorno, pouco tem a ver também com um ato de comparação. Logicamente, sem dúvida, baseia-se num ato de comparação. ... torna-se quase uma forma de apreensão. ... A metáfora é a única expressão da visão individual de um escritor. A faculdade de usá-la em si mesma é tão simples e tão direta como a faculdade de dizer "azul" o é para o homem comum quando vê um céu de meio verão.

A autora, em sua obra, elabora de modo espontâneo metáforas a partir de características dadas ao mar:

> Lentamente, olhando o mar, ouvindo o mar, cheirando o mar, sentindo na pele a umidade e na boca o salgado da maresia. *Animal* **onipresente** resfolegando. *Deus* **encantado** em forma líquida. *Energia* **absoluta**. (TSL, p.309)

No fragmento, Ana Maria Machado explora a inadequação de significados entre o substantivo e o adjetivo (*animal* **onipre-**

sente) por um curioso procedimento: a superposição de duas metáforas – *mar/animal* e *mar/Deus*, gerando efeito expressivo inédito e, ao mesmo tempo, natural.

O leitor capta que a qualidade (**onipresente**) atribuída ao substantivo (*animal*) é indevida, realiza, sem dificuldade, o cruzamento semântico entre os referentes *animal* e *Deus*, resgatando a propriedade inerente ao ser divino: a ubiqüidade, a onipresença, isto é, o caráter do ser presente em toda parte.

O sema comum entre os três elementos *mar-animal-Deus* é *força*, idéia realçada, a seguir, pela união prevista em nossos arquétipos, quando se trata de definir *Deus*: *energia* **absoluta**, que impregna todos os sentidos do homem, bem como o mar.

Conforme observamos, a metáfora ultrapassa a comparação, transfere um termo para um campo de significação que não é o seu, mediante relação de semelhança:

> Mas eram beija-flores, uma quantidade enorme. ... Tão ligeiros que as asas ficavam transparentes. Brilhando quando passavam por algum raio de sol que furasse a folhagem. Subiam, desciam, davam marcha a ré. E a toda hora paravam, suspensos no ar, junto das flores. ... Só queria ficar olhando aquelas *flores* **brilhantes**, *estrelas* **zumbidoras**, *jóias* **leves**. (Ventos, p.36-7)

Ana Maria Machado cria um efeito especial com a redução do termo beija-flores para flores, pois não estranhamos a combinação *flores* **brilhantes**, que nos reporta tanto à planta que dá flor quanto ao pássaro. Entretanto, a junção do substantivo *estrelas* com o adjetivo **zumbidoras** é inesperada, causa-nos um certo impacto e, intuitivamente, fixamo-nos na ave, fazendo a transferência: *beija-flores* **brilhantes** = *estrelas* (que brilham); *beija-flores* **zumbidores** (qualidade pertinente) = *estrelas* **zumbidoras**.

Os elementos de aproximação entre *beija-flores* e *estrelas* são as características **de brilho** e **de suspensão** no espaço, condutoras da formação da imagem final: *jóias* (que possuem brilho) **leves** (que possibilitam estar soltas no ar).

Harry Shaw (1978, p.296) assim define a metáfora: "é uma analogia implícita que, por um processo imaginativo, identifica uma coisa com outra".

No texto abaixo, Ana Maria Machado constrói a metáfora a partir da analogia entre *cidade* e *mulher*:

> Mas não era uma cidade do século XX. Espaço urbano mais forte do que o tempo. *Cidade* que dominava Saturno, que ia obrigá-lo a tomar posse dela de outra maneira, para provar sua superioridade. *Mulher* **caprichosa** e **provocadora**. (Saturno, p.146)

Os atributos **caprichosa** e **provocadora** soariam impróprios a *cidade*. No entanto, ao associá-los a *mulher,* tornam-se adequados, pois são qualidades relativas a seres humanos, dizendo respeito à esfera psicológica.

A troca semântica permite o surgimento de uma imagem animada de *cidade* (Veneza, objeto de fantasias do mundo inteiro) **dominadora** e **sedutora**.

O fragmento a seguir coloca-nos diante da personificação, que entra plenamente dentro dos processos da metáfora:

> Um **desavergonhado** *sol* de verão, tórrido, imagem de paraíso tropical, **indiferente** ao terror que se instalava, **traidor irônico** do Hino Nacional e sua retórica a anunciar: "e o sol da liberdade em raios fúlgidos brilhou no céu da pátria nesse instante". (TSL, p.204)

O leitor é surpreendido pelo fato de a autora inserir ao lado de adjetivações comuns ao substantivo *sol* – *de verão, tórrido, imagem de paraíso tropical* – adjetivos não pertinentes a ele: **desavergonhado, indiferente, traidor irônico**, emprestando-lhe realidade moral.

Esses caracteres adquirem validade à medida que percebemos a extrapolação da simples intenção de personificar o sol (ser-objeto). O contexto, que traz à tona lembranças de cenas de perseguições da ditadura de 1968, possibilita-nos a transferência de sentido do elemento *sol* para o outro: *homens que estavam a serviço do regime e da repressão militar*: **desavergonhados, indiferentes, traidores irônicos** da pátria amada Brasil, cerceando a liberdade a seus filhos.

Como declara Pierre Guiraud (1972, p.68): "Em qualquer emoção violenta, como a cólera, o amor, o entusiasmo etc., despontam livremente as palavras imprevistas, as imagens originais; a paixão e a inspiração são as grandes fontes da criação estilística."

É o que verificamos no decurso da obra dessa autora apaixonada por seu país e por seu ofício.

Em se tratando do adjetivo e suas representações, gostaríamos de enfatizar que, neste artigo, apresentamos uma pequena amostra das diversas estratégias de adjetivação, utilizadas com maestria por Ana Maria Machado em seus textos literários.

Para concluirmos, ressaltamos que, ao sabor dos arranjos dos traços lingüístico-expressivos organizados com cadência pela autora, que vão plasmando a sua visão de mundo, o leitor é fortemente tocado em sua sensibilidade. Metamorfoseia-se em co-participante da experiência supra-individual de Ana Maria Machado à medida que vislumbra a floração de seu estilo, interpretando-o.

Afinal,

> adjetivos – são essas portas da linguagem por onde o ideológico e o imaginário penetram em grandes ondas. (Barthes, 1999)

Referências bibliográficas

BARTHES, R. *O prazer do texto*. 5.ed. São Paulo: Perspectiva, 1999.

BRANDÃO, R. de O. *As figuras de linguagem*. São Paulo: Ática, 1989.

CÂMARA JR., J. M. *Contribuição à estilística portuguesa*. 3.ed. rev. Rio de Janeiro: Ao Livro Técnico, 1978.

______. *Ensaios machadianos*. Rio de Janeiro: Ao Livro Técnico, 1979.

CÂMARA JR., J. M. *Dicionário de lingüística e gramática*. 11.ed. Petrópolis: Vozes, 1984.

CRESSOT, M. *O estilo e as suas técnicas*. Lisboa: Edições 70, 1980.

CUNHA, C. *Que é um brasileirismo?* Rio de Janeiro: Tempo Brasileiro, 1987.

DUBOIS, J. et al. *Dicionário de lingüística*. Trad. Frederico Pessoa de Barros et al. São Paulo: Cultrix, 1999.

FERREIRA, A. B. de H. *Novo Aurélio século XXI*: o dicionário da língua portuguesa. 3.ed. rev. e ampl. Rio de Janeiro: Nova Fronteira, 1999.

GARCIA, O. M. *Comunicação em prosa moderna*. 17.ed. Rio de Janeiro: Editora Fundação Getúlio Vargas, 1998.

GILI Y GAYA, S. *Curso superior de sintaxis española*. Barcelona: Edición Revolucionaria e Instituto Cubano del Libro, 1976.

GUERRA DA CAL, E. *Linguagem e estilo de Eça de Queiroz*. Lisboa: Aster, [s.d.].

GUIRAUD, P. *A semântica*. Trad. e adapt. Maria Elisa Mascarenhas. São Paulo: Difusão Européia do Livro, 1972.

JENNY, L. *Poétique*. Trad. Clara Crabbé Rocha. Coimbra: Livraria Almedina, 1979.

MACHADO, A. M. *Recado do nome*: leitura de Guimarães Rosa à luz do nome de seus personagens. Rio de Janeiro: Imago, 1976.

______. *Tropical sol da liberdade*. Rio de Janeiro: Nova Fronteira, 1988.

______. *Alice e Ulisses*. 4.ed. Rio de Janeiro: Nova Fronteira, 1990.

______. *Aos quatro ventos*. Rio de Janeiro: Nova Fronteira, 1993.

______. *Canteiros de Saturno*. Rio de Janeiro: Nova Fronteira, 1998.

______. *A audácia dessa mulher*. Rio de Janeiro: Nova Fronteira, 1999.

MURRY, J. M. *O problema do estilo*. Trad. Aurélio Gomes de Oliveira. Rio de Janeiro: Livraria Acadêmica, 1968.

OGDEN, C. K., RICHARDS, I. A. *O significado de significado*. 2.ed. Trad. Álvaro Cabral. Rio de Janeiro: Zahar, 1976.

PEREIRA, M. T. G. Língua portuguesa e sedução: do binômio possível nos textos de literatura infanto-juvenil. *Perspectiva. Revista do Centro de Ciências e da Educação*, Florianópolis, Editora da UFSC, v.17, n.31, p.1-177, jan./jun. 1999.

PRETI, D. A gíria na sociedade contemporânea. In: VALENTE, A.(Org.) *Língua, lingüística e literatura*. Rio de Janeiro: EdUERJ, 1998.

RIBEIRO, E. C. *Serões gramaticais ou Nova gramática portuguesa*. 2.ed. Bahia: Estabelecimento dos Dois Mundos, 1915.

SHAW, H. *Dicionário de termos literários*. Trad. e adapt. Cardigos dos Reis. Lisboa: Dom Quixote, 1978.

TORRES DI GREGORIO, A. M. *A (re)utilização estética do adjetivo e suas manifestações*: língua e estilo em Ana Maria Machado. Rio de Janeiro, 2001. Dissertação (Mestrado) — Instituto de Letras, Universidade do Estado do Rio de Janeiro.

VANOYE, F. *Usos da linguagem*: problemas e técnicas na produção oral e escrita. 11.ed. São Paulo: Martins Fontes, 1998.

SOBRE O LIVRO

Formato: 14 x 21 cm
Mancha: 23 x 44,5 paicas
Tipologia: Iowan Old Style 10/14
Papel: Offset 75 g/m^2 (miolo)
Cartão Supremo 250 g/m^2 (capa)
1º edição: 2004

EQUIPE DE REALIZAÇÃO

Coordenação Geral
Sidnei Simonelli

Produção Gráfica
Anderson Nobara

Edição de Texto
Ana Paula Castellani (Preparação de Original)
Viviane Oshima e
Mônica Reis (Revisão)

Editoração Eletrônica
Lourdes Guacira da Silva Simonelli (Supervisão)
Luís Carlos Gomes (Diagramação)

IMPRESSÃO E ACABAMENTO